中华人民共和国海船船员培训大纲熟悉训练资源

精通救生艇筏和救助艇、精通快速救助艇、高级消防

大连海事大学交通运输教材研究所 组织编写

培训合格证

大连海事大学出版社

图书在版编目(CIP)数据

精通救生艇筏和救助艇、精通快速救助艇、高级消防/中国海事服务中心编. — 大连 : 大连海事大学出版社, 2021.2(2025.1 重印)
中华人民共和国海船船员培训大纲熟悉训练资源
ISBN 978-7-5632-4131-6

Ⅰ.①精…　Ⅱ.①中…　Ⅲ.①救生艇—操作—技术培训—教材②救生筏—操作—技术培训—教材③船舶—消防—技术培训—教材　Ⅳ.①U667.6②U664.88

中国版本图书馆 CIP 数据核字(2021)第 029479 号

大连海事大学出版社出版

地址:大连市黄浦路523号　邮编:116026　电话:0411-84729665(营销部)　84729480(总编室)
http://press.dlmu.edu.cn　E-mail:dmupress@dlmu.edu.cn

大连金华光彩色印刷有限公司印装　　大连海事大学出版社发行

2021 年 2 月第 1 版　　2021 年 2 月第 1 次印刷　　2025 年 1 月第 3 次印刷
幅面尺寸:170 mm×240 mm　　字数:200 千　　印张:10.75

出版人:刘明凯

责任编辑:宋彩霞　　责任校对:陈青丽
封面设计:解瑶瑶　　版式设计:解瑶瑶

ISBN 978-7-5632-4131-6　　定价:32.00 元

前　言

为有效履行《1978 年海员培训、发证和值班标准国际公约》,进一步规范海船船员的培训、发证工作,提高培训质量,提升海员业务素质,交通运输部颁布了《中华人民共和国海船船员适任考试和发证规则》(以下简称“20 规则”),并发布《中华人民共和国海事局关于印发〈中华人民共和国海船船员适任考试和发证规则实施办法〉的通知》。通知指出:“‘20 规则’第二十九条规定的适任考试按照《海船船员培训大纲》确定的适任标准和内容实施。”

为更加有效地配合海船船员适任考试培训,帮助考生顺利通过考试,大连海事大学交通运输教材研究所在深入解读《海船船员培训大纲》的基础上,研究部海事局公布的大纲训练资源,针对海船船员适任考试的特点,组织编写了“中华人民共和国海船船员培训大纲熟悉训练资源”(以下简称“训练资源”)。

“训练资源”涵盖了各航区、各船舶等级、各部门的海船船员,所有专业、职级的考试内容,包括:

《航海学》(船长/大副)
《船舶操纵与避碰》(船长/大副)
《船舶结构与货运》(大副)
《航海英语》(船长/大副)
《船舶管理》(船长/大副)
《航海学》(二/三副)
《船舶操纵与避碰》(二/三副)
《船舶结构与货运》(二/三副)
《航海英语》(二/三副)
《船舶管理》(二/三副)

《GMDSS 综合业务》
《GMDSS 英语阅读》

《主推进动力装置》(大管轮)
《船舶辅机》(大管轮)
《船舶电气与自动化》(轮机长/大管轮)
《船舶管理》(轮机长/大管轮)
《轮机英语》(轮机长/大管轮)
《船舶动力装置》(轮机长)
《主推进动力装置》(二/三管轮)
《船舶辅机》(二/三管轮)
《船舶电气与自动化》(二/三管轮)
《船舶管理》(二/三管轮)
《轮机英语》(二/三管轮)

《船长/驾驶员训练指南》(未满 500 总吨)

《轮机长/大管轮训练指南》(未满 750 kW)
《二/三管轮训练指南》(未满 750 kW)

《船舶电气》(电子电气员)
《船舶机舱自动化》(电子电气员)
《船舶管理》(电子电气员)
《信息技术与通信导航系统》(电子电气员)
《电子电气员英语》(电子电气员)

《水手业务》
《机工业务》
《电子技工业务》

《基本安全》
《精通救生艇筏和救助艇、精通快速救助艇、高级消防》
《船舶医疗》
《船舶保安》
《油船和化学品船货物操作》
《液化气船货物操作》
《客船船员特殊培训》
《大型船舶操纵特殊培训》
《高速船船员特殊培训》
《船舶装载危险和有害物质作业》
《使用气体或其他低闪点燃料船舶》
《极地水域船舶操作》

“训练资源”具有针对性强、实用性强的特点,是海船船员参加适任考试、培训必不可少的参考书。

“训练资源”的出版,得到了中国海事服务中心的大力支持,在此表示感谢。在“训练资源”的编写过程中得到了各海事管理机构、航海院校、海员培训机构、航运企业等单位的关心和帮助,特致谢意。

大连海事大学交通运输教材研究所
2020 年 12 月

扫码学习《深入学习贯彻党的二十大精神　加快建设交通强国当好中国式现代化开路先锋》

目　录

第一篇　精通救生艇筏和救助艇培训

第二篇　精通快速救助艇培训

第三篇　高级消防培训

第一篇

精通救生艇筏和救助艇培训

第一章

救生艇筏、救助艇的基本知识

第一节　救生艇筏和救助艇的结构和属具

1. 下图中是何种救生筏?

A. 刚性救生筏　　B. 机械吊放式救生筏

C. 抛投式救生筏

2. 救生筏属具备品中,配备________块海绵。

A. 1　　B. 2

C. 4

3. 下图中设备的名称是________。

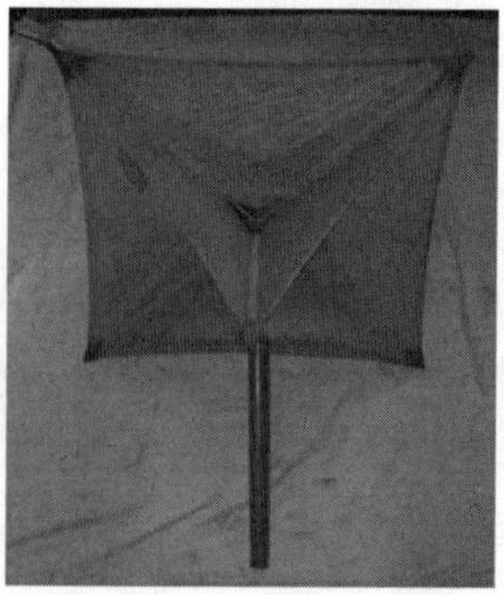

A. 保温用具　　　　　　　　　　　　B. 雷达应答器

C. 雷达反射器

4. 下图中设备的名称是________。

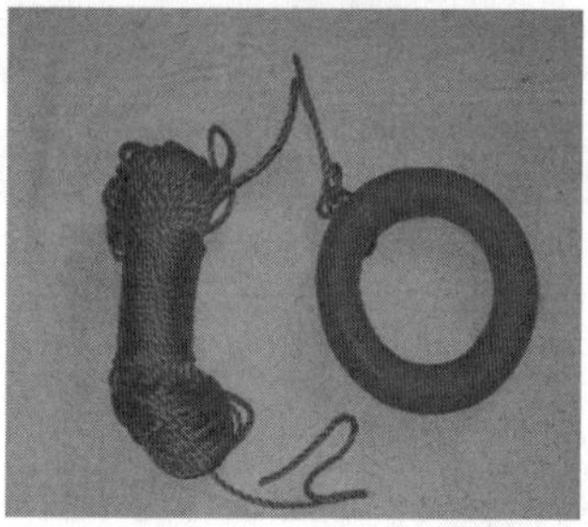

A. 带绳救生圈　　　　　　　　　　　B. 可浮救生环

C. 人员落水救生圈

5. 下图中设备的名称是________。

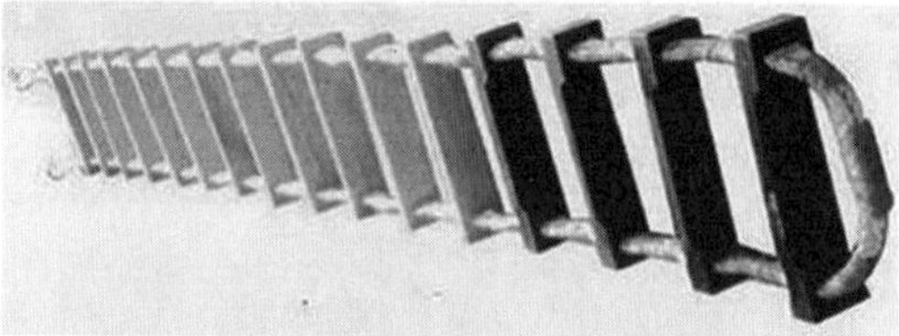

A. 引航梯　　　　　　　　　　　　　B. 工作梯

C. 登乘梯

6. 运载液化气和化学品货物的船应该配有具有空气维持系统的救生艇。

A. 对　　　　　　　　　　　　　　　B. 错

7. 耐火救生艇的洒水系统借助于自备的淡水喷洒降温。

A. 对　　　　　　　　　　　　　　　B. 错

8. 全封闭救生艇封闭罩盖上设有的通道舱口应该具有的功能是________。

A. 通道舱口盖应该是水密的,在艇的外侧能够开启和关闭

B. 通道舱口盖应该是水密的，在艇的内外均能开、关，能够固定在开启的位置上

C. 通道舱口盖应该是水密的，并能够固定在开启的位置上

9. 部分封闭式救生艇的结构特点是________。

A. 便于登乘、操作，减轻了人员自我保护的负担

B. 便于登乘、操作，重量轻，倾覆后人员不易逃离

C. 便于登乘、操作，避免了人员暴露，倾覆后人员不易逃离

10. ________结构形式的救生艇可以不配置桨设备。

A. 开敞式　　B. 自由降落式

C. 半封闭式

11. 全封闭式救生艇的优点是________。

A. 比较宽敞　　B. 便于观察瞭望

C. 保温隔热性好

12. 救生艇底每个排水阀应配备________关闭排水阀的盖子或塞子。

A. 1 个　　B. 2 个

C. 3 个

13. 自由降落救生艇在艇底________。

A. 有 1 个排水孔　　B. 有 2 个排水孔

C. 没有排水孔

14. 耐火耐高温救生艇是表面采用耐火材料制造的一种半开放式救生艇。

A. 对　　B. 错

15. 自由降落式救生艇在艇底内也装设 1 个排水孔，并有 2 个艇底塞。

A. 对　　B. 错

16. 下图所示的救生艇按结构类型划分属于________。

A. 开敞式救生艇　　B. 部分封闭式救生艇

C. 全封闭式救生艇

17. 下图所示的救生艇按结构类型划分属于________。

A. 开敞式救生艇　　B. 部分封闭式救生艇

C. 全封闭式救生艇

18. 下图所示的救生艇按结构类型划分属于________。

A. 开敞式救生艇　　B. 部分封闭式救生艇

C. 全封闭式救生艇

19. 下图所示的救生艇中哪一种存放在大船船尾？

A. 

B. 

C. 

20. 下图所示的救生艇中目前在海船上已被淘汰的是________。

A. 　　B. 

C. 

21. 救生艇的乘员定额不能超过 150 人。

A. 对　　B. 错

22. 可多人同时上下的部分封闭式救生艇,是为了满足在规定的时间内全部人员登艇完毕的要求而设计并使用的。

A. 对　　B. 错

23. 部分封闭式救生艇都具有自行扶正功能。

A. 对　　B. 错

24. 什么类型的救生艇可以不配备桨设备?

A. 开敞式救生艇　　B. 全封闭式救生艇

C. 自由降落式救生艇

25. 下图所示的救助艇属于________。

A. 刚性救助艇　　B. 充气式救助艇

C. 刚性充气混合式救助艇

26. 下图所示的救助艇属于________。

A. 刚性救助艇　　B. 充气式救助艇

C. 刚性充气混合式救助艇

27. 下图所示的救助艇属于________。

A. 刚性救助艇　　B. 充气式救助艇

C. 刚性充气混合式救助艇

28. 救助艇是救助海上遇险人员和集结救生艇筏的救生设备。

A. 对　　B. 错

29. 下图中的设备是________。

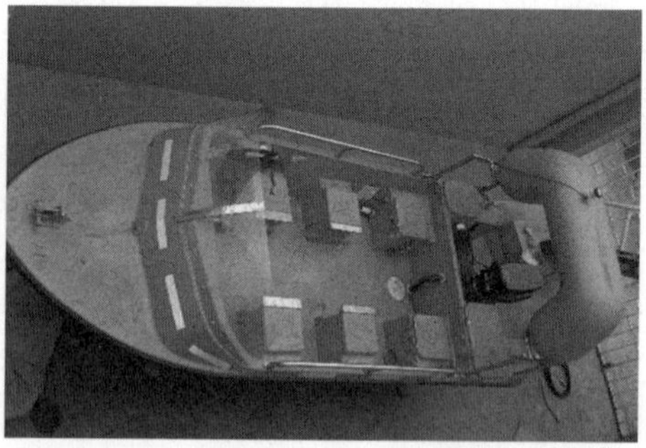

A. 救生艇　　B. 救生筏

C. 救助艇

30. 充气式救助艇的浮力是由________浮力舱提供。
   A. 5 个体积大致相等的
   B. 2 个体积大致相等的
   C. 5 个或 2 个体积大致相等的
31. 救生艇(自由降落入水式除外)属具备品中备有两根首缆,存放布置的要求是________。
   A. 两根首缆都必须备存在救生艇内的首端
   B. 一根系结在首端与脱开装置相连,另一根牢固地系在艇的前端备用
   C. 两根都存放在明显易见处,以便立即可用
32. 船舶配备救生艇主要是依据________。
   A. 船舶所属公司的要求　　B. 海船建造规范的有关要求
   C. 船长的要求
33. 救生艇上应配备手摇泵________。
   A. 2 台　　B. 1 台
   C. 3 台
34. 救生艇上应配备太平斧两把,分别存放在________。
   A. 艇中左、右两舷　　B. 艇首、尾各一把
   C. 艇任意处固定存放
35. 救生艇上应配备有效雷达反射器________。
   A. 1 具　　B. 2 具
   C. 3 具
36. 救生艇上应配备适当尺度的海锚________。
   A. 1 只　　B. 2 只
   C. 3 只
37. 救生艇(自由降落救生艇除外)上应配备可浮手划桨________。
   A. 足够数量　　B. 2 套
   C. 4 套
38. 救生艇上应配备的首缆,其长度至少为________,或者不小于从救生艇存放位置至最轻载航行水线距离的两倍,取其长者。
   A. 10 m　　B. 15 m
   C. 20 m
39. 救生艇上应配备具有发光剂或适当照明装置的操舵罗经________。
   A. 1 具　　B. 2 具
   C. 多具

40. 救生艇内应配备适用于扑灭油类火灾的手提灭火器________。
   A. 1 具　　B. 2 具
   C. 3 具

41. 救生艇应配备适用于莫尔斯通信的防水手电筒________。
   A. 1 支　　B. 2 支
   C. 3 支

42. 救生艇属具中,应配备手持红光火焰信号________。
   A. 6 支　　B. 4 支
   C. 3 支

43. 救生艇属具中,应配备橙黄色烟雾信号________。
   A. 2 支　　B. 4 支
   C. 3 支

44. 救生艇应配备红光火焰信号为________。
   A. 2 支　　B. 4 支
   C. 6 支

45. 救生艇备品中,有探照灯 1 具,可连续工作不少于________。
   A. 2 小时　　B. 3 小时
   C. 6 小时

46. 每艘刚性救生艇的正常属具中,还应包括带钩艇篙________。
   A. 2 支　　B. 3 支
   C. 1 支

47. 如下图所示,属于救生艇属具的是________。

①

②

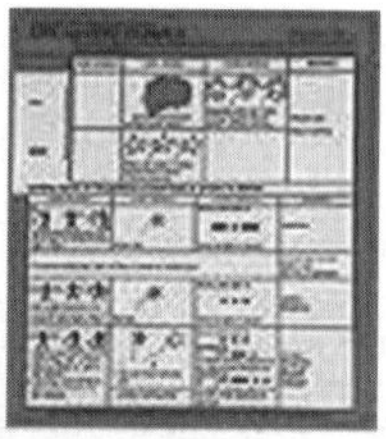
③

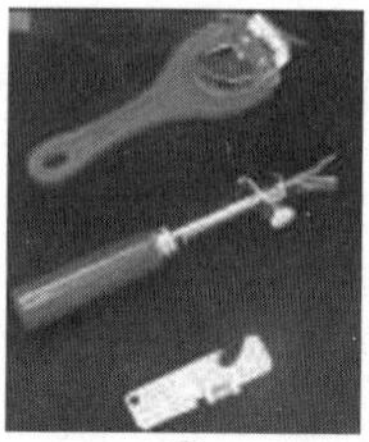
④

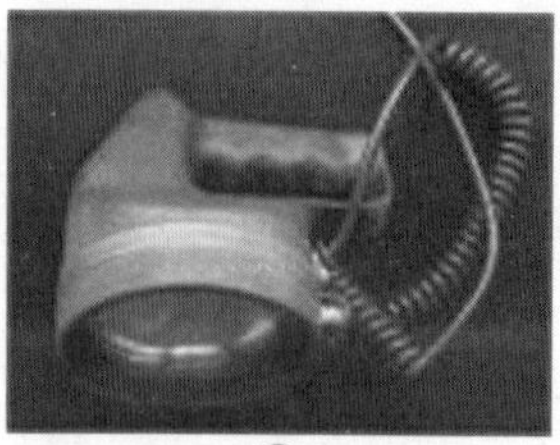
⑤

⑥

   A. ①②③④⑤⑥　　B. ①②④⑤

C. ①②③④⑤

48. 下图所示的救生艇属具的名称是________。

A. 雨水收集器　　B. 海锚

C. 过滤器

49. 下图所示的救生艇属具每艇配备________只。

A. 2　　B. 1

C. 3

50. 下图所示的救生艇属具每艇配备________把。

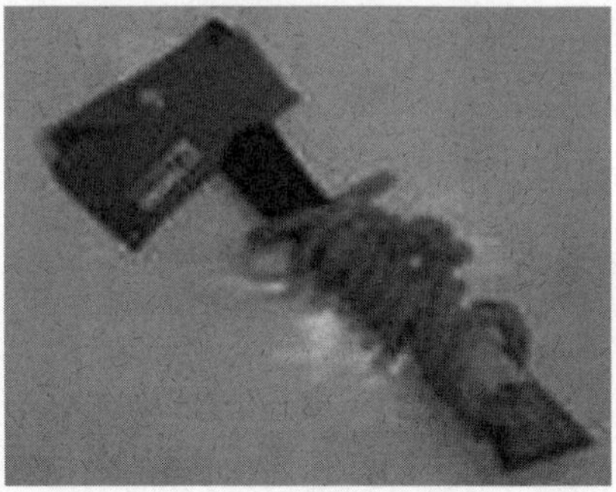

A. 2　　B. 1

C. 3

51. 下图所示的救生艇属具的名称是________。

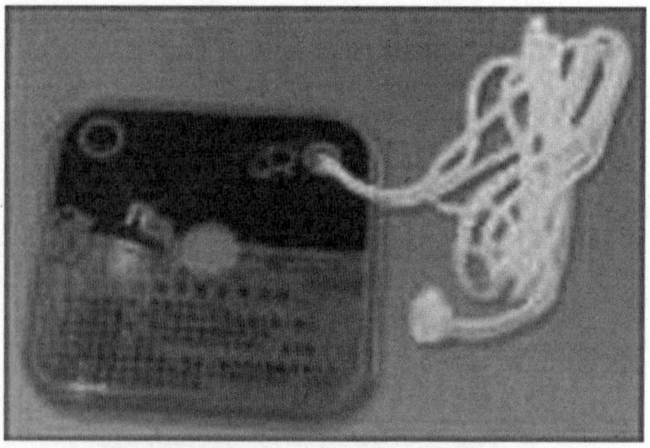

A. 日光信号镜　　B. 雷达反射器

C. 系有长度不少于 30 m 浮索的可浮救生环

52. 下图所示的救生艇属具每艇应配备________个。

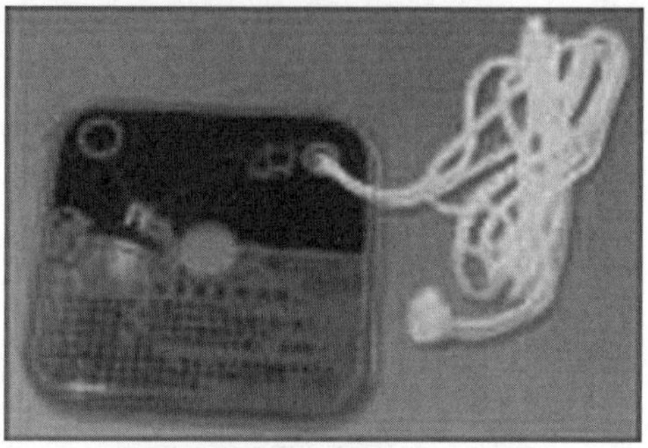

A. 1　　B. 2

C. 3

53. 下图所示的救生艇属具的名称是________。

A. 漂浮烟雾信号　　B. 手持红火焰信号

C. 火箭降落伞信号

54. 下图所示的救生艇属具每艇配备________只。

A. 2　　B. 1

C. 3

55. 救生艇内配备桨的作用是________。

A. 救生艇机器故障时,可以用桨快速划离难船

B. 漂浮待救时,可以划桨自救

C. 求生时,可以划桨运动

56. 救生艇备品中,有探照灯 1 具,可连续工作不少于 3 小时,其用途是________。

A. 艇内照明　　B. 用于搜寻落水人员

C. 发送求救灯光信号

57. 救生艇配备的手摇泵 1 台,其作用是________。

A. 为救生艇发电　　B. 为救生艇冷却系统供水

C. 用来排出救生艇内积水

58. 救助艇的属具备品中有一根 50 m 长的可浮索,其主要________。

A. 用来救助落水人员　　B. 用来作为救助艇的首缆

C. 应急时作为拖带救生筏的拖缆

59. 救助艇上应配备哨笛或等效的音响号具________。

A. 1 支　　B. 2 支

C. 多支

60. 救助艇上应有足够长度和强度的艇首缆一根,连接脱开装置设置于救助艇的前端。

A. 对　　B. 错

61. 救助艇上应配备太平斧的数量正确的是________。

A. 1 把　　B. 2 把

C. 不强制配备

62. 500 总吨及以上的客船上应至少配备几艘救助艇?

A. 2 艘　　B. 1 艘

C. 3 艘

63. 气胀式救生筏在结构上主要由________组成。
   A. 筏体、篷帐、篷柱、筏底及其附属设施、器材
   B. 筏体、篷帐及附属器材
   C. 筏体、篷帐、筏底及附属器材
64. 气胀式救生筏的组成主要有________。
   ①筏体；②篷柱；③篷帐；④筏底；⑤附属设备
   A. ①②③　　B. ①②③④⑤
   C. ①②③⑤
65. 气胀式救生筏体是指________。
   A. 上浮胎　　B. 上、下浮胎
   C. 下浮胎
66. 气胀式救生筏筏底四角设有带漏水孔的橡皮袋，其作用是________。
   A. 稳定平衡　　B. 降低筏速
   C. 增加强度
67. 气胀式救生筏的充气钢瓶有________。
   A. 1 只　　B. 2 只
   C. 3 只
68. 救生筏的筏体是由________组成。
   A. 篷柱、帐篷　　B. 上、下浮胎
   C. 筏底、帐篷
69. 救生筏充气钢瓶里装有________气体。
   A. 氧气　　B. 氢气
   C. 二氧化碳和氮气
70. 救生筏的安全阀装设在________。
   A. 筏底和蓬柱　　B. 上、下浮胎
   C. 上、下浮胎和筏底
71. 救生筏中备有海锚两只，存放布置的要求是________。
   A. 两只海锚都存放在备品袋中，以便于安全可用
   B. 一只存放在备品袋中，另一只存放在进出口的专用袋中，便于立即可用
   C. 一只存放在备品袋中，另一只系在筏的进出口，随着筏的充胀而抛放入水
72. 气胀式救生筏充气所使用的气体应是________。
   A. 有毒气体　　B. 氨气
   C. 二氧化碳和少部分氮气
73. 在救生筏上，应配备漂浮烟雾信号________。

A. 2 支　　　　B. 4 支
C. 6 支
74. 救生筏上备有海锚________。
A. 2 只　　　　B. 3 只
C. 4 只
75. 救生筏的属具中有火箭降落伞信号为________。
A. 6 支　　　　B. 2 支
C. 4 支

第二节　救生艇筏和救助艇的特性和设施

1. 客滚船上配备的救生筏应该是________。
A. 抛投式降放操作的救生筏
B. 自行扶正或两面可用带顶篷的救生筏
C. 两面可用的刚性浮体的救生筏
2. 救生艇应该备有在任何一舷都能够使用的登乘梯，其最下一级踏板应距水面 0.4 m。
A. 对　　　　B. 错
3. 救生艇在满载时，水下任何部位破损都应该具有正稳性。
A. 对　　　　B. 错
4. 救生艇具有不沉性所依靠的主要浮力是________。
A. 救生艇的固有浮力和乘员的附加固有浮力
B. 救生艇的固有浮力和艇的制造材料
C. 救生艇的固有浮力和救生浮具的浮力
5. 充气式救生艇的构造，应能经受在一切海况下漂浮________天。
A. 50　　　　B. 25
C. 30
6. 全封闭救生艇都具有自行扶正功能。
A. 对　　　　B. 错
7. 全封闭式救生艇设有内外能开启和关闭通道盖，该通道盖关闭时能保证水密，艇内有良好的保温隔热性。
A. 对　　　　B. 错
8. 耐火、耐高温救生艇的结构要求在水面时能保护艇上的额定乘员经受持续油火包围不少于 10 分钟。

A. 对　　B. 错

9. 全封闭救生艇都具有自供气系统和自行扶正功能。

A. 对　　B. 错

10. 具有自供气系统的救生艇能使艇内空气的使用时间不少于________。

A. 5 分钟　　B. 10 分钟

C. 15 分钟

11. 救生艇内浸水和破漏通海时,救生艇的浮力仍足以将满载额定人员和全部属具的救生艇浮起。

A. 对　　B. 错

12. 每一艘船舶配有救生艇的数量与种类是根据各船所载人员的定额、航行区域、船舶种类、船舶长度而定的。

A. 对　　B. 错

13. 国际航行的客船每舷配备的救生艇应能容纳全船总人数的 50%,最低不得少于 37.5%,即可以用 12.5%的筏代替 50%中的 12.5%。

A. 对　　B. 错

14. 机动救生艇载足全部属具和乘员后,静水中的航速至少为 6 节。

A. 对　　B. 错

15. 耐火、耐高温救生艇主要装配在________。

A. 客船上　　B. 货船上

C. 油船、化学品液化船、气体运输船上

16. 海上求生时,如果救生艇破损漏水无法堵住时,求生人员应马上弃掉救生艇,以保护生命安全。

A. 对　　B. 错

17. 充气式救助艇任一浮力胎破损后要求其干舷________。

A. 在载足额定乘员抛弃备品后其干舷值为正数

B. 在载足全部额定乘员和属具时,救助艇四周的干舷值为正数

C. 在空载时艇的四周干舷值为正数

18. 船舶上配备的救助艇的长度________。

A. 应不小于 7.5 m,不大于 8.5 m

B. 应不小于 3.8 m,不大于 8.5 m

C. 应大于 3.8 m,小于 8.5 m

19. 500 总吨及以上的客船应在船舶的每舷至少配备几艘救助艇?

A. 2 艘　　B. 1 艘

C. 3 艘

20. 公约要求，充气式救助艇无论何时均应始终保持________。
A. 可充气状态　　B. 准备状态
C. 满充气状态
21. 救助艇额定乘员至少是________。
A. 6 个　　B. 10 个
C. 12 个
22. 救助艇的航速要求为 6 海里/小时，并可连续航行几小时？
A. 6 小时　　B. 4 小时
C. 8 小时
23. 救生艇（除自由降落救生艇外）应在最低处设有排水阀，其功能主要是________。
A. 应该有明显的标志，艇离水后可人工开启
B. 有牢固的排水阀盖，艇员要在入水前关闭、离水后开启
C. 艇离水后能够自动排水，入水自动闭合
24. 吊架降落救生艇其座位在艇内应该________。
A. 足够额定乘员乘坐
B. 应该能够相互挤靠坐好
C. 明确标示出每个额定乘员的座位
25. 除在舵和螺旋桨附近部位外，救生艇外面装设链环状可浮救生索________。
A. 供落水人员攀附救生艇用　　B. 供扶正时使用
C. 供救助落水人员使用
26. 自供气体系统的救生艇，艇内气压值不得低于艇外大气压，也不得超过大气压 20 hPa 以上。
A. 对　　B. 错
27. 救生艇燃料可供救生艇以 6 海里/小时的速度运转不少于________。
A. 12 小时　　B. 18 小时
C. 24 小时
28. 救助艇配有汽油驱动的发动机，应该配有认可的具有防火、防爆装置的燃油柜。
A. 对　　B. 错
29. 充气式救助艇在船上应该始终保持________。
A. 在应急使用时，能够立即充胀成型　　B. 在紧急使用时，能够自动充胀成型
C. 充满气状态
30. 救助艇额定乘员的位置至少不得少于________。
A. 6 个座位、1 个躺位　　B. 5 个座位、1 个躺位

C. 3个座位、1个躺位

31. 拖带装置应永久地安装在________。

A. 救助艇上　　B. 救生艇上

C. 救生筏上

32. 救生筏设计为自由漂浮功能的,其从存放地脱开应是________。

A. 可调的　　B. 自动的

C. 手动的

33. 飘浮的救生筏应能经受从筏底以上至少6米的高度反复蹬跳。

A. 对　　B. 错

34. 救生筏的主要缺点是________。

A. 重量轻　　B. 操作简单

C. 无自航能力

35. 为降低筏内温度,可将哪里的气体放掉?

A. 上浮胎　　B. 下浮胎

C. 筏底

36. 吊放式筏架的优点是船员无须入水就能进入筏内,同时也避免了跳水登筏带来的危险。

A. 对　　B. 错

37. 按规定气胀筏主浮力舱中的多少浮力足以支持筏内全部额定乘员浮于水面?

A. 1/2　　B. 1/3

C. 3/4

38. 气胀式救生筏的上、下浮胎气体不足时,可用手动风泵补气。压力过高时,应使用排气阀手动放气。

A. 对　　B. 错

39. 国际航线客船应配备至少容纳船上总人数多少的救生筏?

A. 1/4　　B. 2/3

C. 1/2

40. 国际航行货船 $L \geqslant 85$ m 配置救生筏应容纳全船人数的________。

A. 50%　　B. 100%

C. 150%

41. 救生艇浮力应当在艇内浸水和破漏通海时,仍足以将满载属具的救生艇________。

A. 倾覆　　B. 沉没

C. 浮起

42. 救生筏的额定乘员数不得少于________。
A. 5 人　　B. 6 人
C. 7 人
43. 船上配备的所有救生筏都不应有自由漂浮装置。
A. 对　　B. 错
44. 救生筏自由漂浮装置由________组成。
①首缆系统;②薄弱环;③静水压力释放器
A. ①③　　B. ①②③
C. ②③
45. 救生筏顶篷上应装设________只人工控制灯。
A. 1　　B. 2
C. 3
46. 救生筏的篷帐外表是何种颜色?
A. 白色　　B. 橙黄色
C. 银灰色
47. 救生筏的下浮胎的四角各有一个平衡袋,其作用是增加阻力、稳性和保持平衡。
A. 对　　B. 错
48. 在寒冷的海面上气胀式救生筏上的求生者,应用手动风泵向筏底充气。
A. 对　　B. 错
49. 各种救生筏均配有一定数量的________设备。
A. 防雨　　B. 取暖
C. 自航
50. 救生筏顶篷设置,可能产生的不利因素为________。
A. 遮蔽太阳光直射　　B. 收集雨水
C. 空气混浊
51. 充气式救生筏的充气钢瓶里气体是二氧化碳和少部分氮气,氮气的作用是________。
A. 增加气体压力　　B. 降低二氧化碳的毒性
C. 防止充气时管路结冰

第三节　救生艇筏和救助艇的释放装置

1. 救助艇的单臂悬吊释放装置构件中的蓄能器和手动泵的作用是________。
A. 在无电源操作时将起重臂转出舷外或转进舷内

B. 防止降放设施的压力不可以过大

C. 控制救助艇的下降速度

2. 救助艇单臂悬吊式降放装置构件中的起重臂的主要作用是________。

A. 将救助艇吊起转出或转进船舶的舷侧

B. 将救助艇绞进船内

C. 将救助艇绞出船外

3. 救助艇的释放装置主要有哪几类?

A. 重力式和自由降落式吊艇架

B. 重力式和滑轨式吊艇架

C. 重力式吊艇架和单臂悬吊式吊艇架

4. 救助艇要求两个人在不超过 5 min 的时间内完成降落和登船的准备工作。

A. 对

B. 错

5. 救生筏的首缆长度至少为________。

A. 不小于 15 米

B. 10 米加上救生筏的存放高度

C. 15 米或 10 米加上救生筏的存放高度取大值

6. 自由降落救生艇的吊艇架采用的类型是________。

A. 吊杆式吊架

B. 门型吊架

C. 倒臂式

7. 具有自由漂浮功能的救生艇筏降落设备,在救生艇筏从存放地点________时应该是自动的。

A. 自由脱开

B. 手动脱开

C. 紧急脱开

8. 下列关于自由降落艇在存放状态的说法正确的是________。

A. 模拟释放保险索连接好

B. 救生艇吊环解脱存放在艇尾左右吊环座盒内

C. 压艇装置可不用压紧

9. 下图所示的吊艇架的种类是________。

A. 重力式吊艇架

B. 自由降落式吊艇架

C. 旋转式吊艇架

10. 回收救生艇时,为了防止吊艇索或吊艇架过度受力,吊艇架上一般装设有________。

A. 碰垫　　B. 刹车装置

C. 限位器

11. 自由降落入水式救生艇存放时,艇首以________角左右下倾存放在滑道上。

A. 10 度　　B. 30 度

C. 60 度

12. 救生艇吊艇索长度________。

A. 在船舶最小吃水并向另一舷横倾 20 度时以足以达到水面

B. 不少于 10 米加上存放高度

C. 15 米和 10 米加上存放高度取大值

13. ________要对吊艇索进行检查,检查项目包括:吊艇索排列是否整齐,杜绝相互挤压和绞缠。

A. 每周　　B. 每月

C. 每三个月

14. 全封闭救生艇在遥控降放入水后驶离船舶前,应该如何处置遥控索?

A. 将遥控降放索收进艇内,用专用塞堵住降放索的通孔

B. 将遥控降放索立即收进艇内,并将索具收放好

C. 将遥控降放索抛出艇外,用专用塞堵住降放索的通孔

15. 弃船求生时,撤离船登乘救生艇筏的顺序是________。

A. 先旅客,再船员,后船长;妇女儿童、老弱病残优先

B. 先旅客,再船长、船员;妇女儿童优先

C. 先船长,再旅客、船员;妇女儿童优先

16. 从船舶的集结甲板直接登上救生艇筏时要做到________。

A. 全体人员应该各自想尽一切办法,迅速进入艇筏内

B. 所有船上人员要服从指挥,安全有序、迅速地登乘

C. 所有人员要争取时间,先到达、先登乘

17. 救生艇降放和登乘的准备工作需要________。

A. 2 名船员在 5 min 内做好降放和登乘的准备工作

B. 3 名船员在 2 min 内做好降放和登乘的准备工作

C. 4 名船员在 2 min 内做好降放和登乘的准备工作

18. 在操作使用自由降落救生艇的挂艇装置时应该注意的事项是________。

A. 挂艇装置在演习前由专人相连、演习后由专人立即解脱

B. 挂艇装置始终保持与艇相连的状态

C. 挂艇装置平时相连演习前解脱

19. 拉动联动救生艇的脱钩装置的时机应在救生艇位于________。
A. 波峰时　B. 波谷时
C. 任意时刻

20. 在船舶紧急情况下,登艇筏人员的顺序为________。
A. 妇女儿童、老弱病残、船员　B. 船员、老弱病残、妇女儿童
C. 老弱病残、妇女儿童、船员

21. 撤离难船登上救生艇最后离船者是________。
A. 船长　B. 艇长
C. 轮机长

22. 自由漂浮下水的救生筏,从其存放点自由漂浮脱开应是________。
A. 手动的　B. 自动的
C. 电动的

23. 以下哪种方式可用于登乘救生艇筏?

①

②

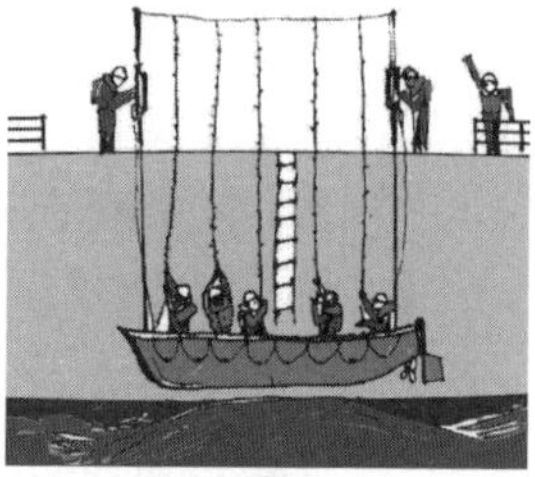
③

A. ①②③　B. ①②
C. ②③

24. 下图所示属于登乘设施的是________。

①

②

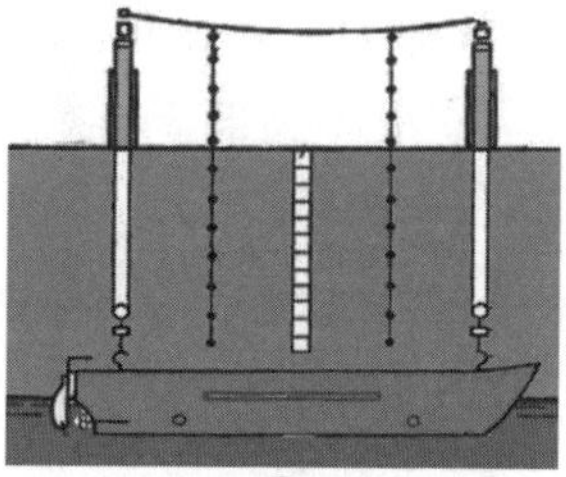
③

A. ①②③　B. ①②
C. ②③

25. 下图所示的登乘承设施的名称是________。

A. 海上撤离系统　　B. 海上逃生系统

C. 海上救生系统

26. 自由降落式救生艇的船上模拟释放方法是________。

A. 使用艇内脱钩装置脱开救生艇尾钩,艇下滑一段距离,被保险索拉住

B. 使用吊艇索拉动救生艇上移,手动脱开尾钩

C. 使用艇内脱钩装置脱开救生艇尾钩,使艇自由滑落入水

27. 在进行救生筏的扶正操作时,应将有充气钢瓶的一侧拉至上风侧,便于操作。

A. 对　　B. 错

28. 在进行救生筏的扶正操作时,操作人员应该选择的最佳位置是________。

A. 在筏体进出口一侧爬上筏底两脚蹬在浮胎上

B. 在筏体配有钢瓶偏低的一侧爬上筏底,两脚蹬在浮胎上

C. 在筏体的下风舷侧爬上筏底,两脚蹬在浮胎上

29. 抛投式降放的救生筏在存放使用上要求能够做到________。

A. 在存放位置内能够自由抛投降放

B. 在存放位置范围内降放,也能转移至另一舷降放

C. 必须能在遥控降放范围降放

30. 气胀式救生筏迅速驶离难船最方便的操作方法有________。

A. 割断缆绳,使用配桨划出,借助收、抛海锚的重复动作或救助艇拖带驶离

B. 全体乘员一起划桨或由救助艇拖带驶离

C. 使用钩篙抵撑,借助救助艇拖带驶离

31. 机械吊放式救生筏同时还具有的释放方式是________。

A. 重力式和抛投式降放　　B. 自由漂浮式和抛投式降放

C. 吊放式和自由漂浮式降放

32. 救生筏系固解脱的方法至少有两种,分别是________。

A. 在船舶下沉时能够自由漂浮解脱和人工解脱

B. 在船舶下沉时能够自由漂浮解脱和自动解脱

C. 能够进行人工解脱,也能够进行遥控解脱

33. 可吊式救生筏的释放方法是:先把筏吊出舷外,放入海面充气后,人员再有次序地登筏。

A. 对　　　　B. 错

34. 登艇或登筏一般不宜从________以上处跳入水中。

A. 2 米　　　　B. 5 米

C. 10 米

35. 机械吊放救生筏当筏体降至距水面 2 米左右时,拉动快速脱钩拉绳,此时________。

A. 筏立即脱钩落入水中

B. 只是打开脱钩保险筏并没有脱离吊钩

C. 只是提醒人员准备放筏

36. 吊架降落救生筏载足全部乘员及其属具后,至少从________米的高度处投落水中,不得有影响其性能的损坏。

A. 2　　　　B. 3

C. 4

37. 在救生筏的释放装置中,水平式筏架上的救生筏________。

①可不做任何捆扎;②紧急用时须用人力搬运抛入海中;③不能在船舶沉没时自身浮起

A. ①③　　　　B. ②

C. ③

38. 在救生筏的释放装置中,滚动式筏架的操作特点是________。

A. 释放时用人力搬到船边,抛入海中

B. 释放时用人力直接滚动入海中

C. 释放时拉动静水压力器的拉杆,自行滑入海中

39. 静水压力释放器应能在水深不超过 4 米时自动释放救生筏。

A. 对　　　　B. 错

40. 救生筏降放的方式可以分为三种,下图所示的方式属于________。

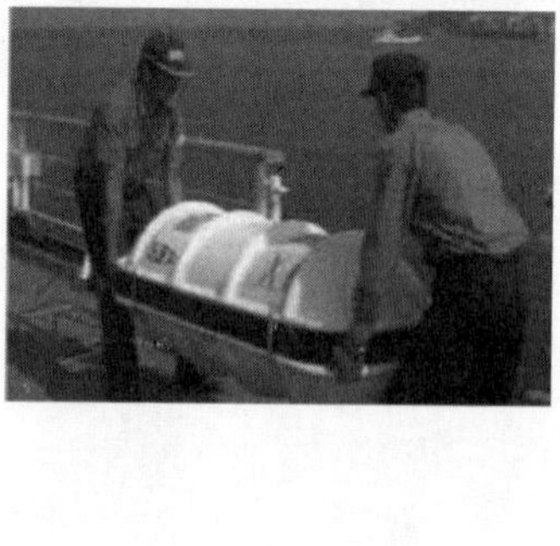

A. 抛投式　　B. 机械吊放式

C. 自由漂浮式

41. 救生筏降放的方式可以分为三种，下图所示的方式属于________。

A. 抛投式　　B. 机械吊放式

C. 自由漂浮式

42. 救生筏降放的方式可以分为三种，下图所示的方式属于________。

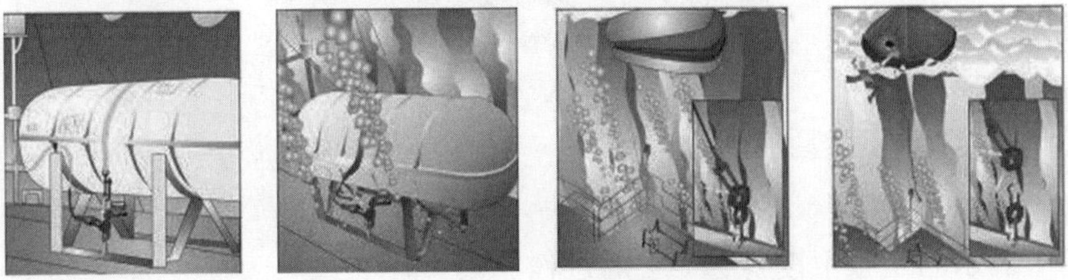

A. 抛投式　　B. 机械吊放式

C. 自由漂浮式

43. 下图所示的救生筏存放装置属于________。

A. 水平式存放架　　B. 滚动式存放架

C. 翻架式存放架

44. 下图所示的救生筏存放装置属于________。

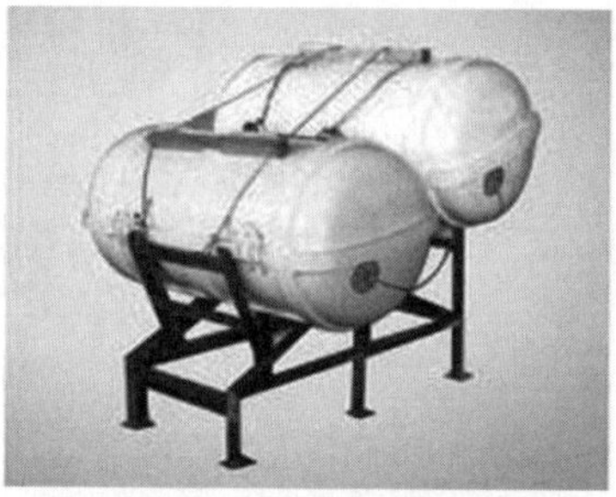

A. 水平式存放架　　　　　　　　　　B. 滚动式存放架

C. 翻架式存放架

45. 下图所示的救生筏存放装置属于________。

A. 水平式存放架　　　　　　　　　　B. 滚动式存放架

C. 翻架式存放架

46. 下图中展示的是救生筏________的过程。

A. 抛投式释放　　　　　　　　　　B. 机械吊放式释放

C. 自由漂浮式释放

47. 非可吊式救生筏释放的方式有________。

A. 抛投式释放　　　　　　　　　　B. 自由漂浮式释放

C. 抛投式和自由漂浮式释放

48. 可吊式救生筏释放前的准备工作包括________。

①固定止荡索(bowsing line);②固定容器绳(container line);③手动解开绑扎绳索;④准备救生筏吊;⑤拉出快速释放索(quick release)

A. ①②③　　B. ①②③④

C. ①②③④⑤

49. 救助艇在无电源时不能够进行降放。

A. 对　　B. 错

50. 救助艇在降放入水操作时要注意________。

A. 在救助艇入水时争取同时解脱艇首缆绳和吊钩

B. 救助艇在入水时解脱艇首缆绳后再解脱吊钩

C. 救助艇在入水时解脱吊钩后再解脱艇首缆绳

51. 船舶遇难后应尽快放下救生艇,若是机动艇最好在何时起动机器?

A. 艇着水后　　B. 艇脱钩后

C. 艇着水前

第四节　释放救生艇筏和救助艇的方法

1. 救生艇以自由降落入水式释放前应检查吊艇索和吊环________。

A. 确认连接正常　　B. 确认不相连

C. 不用检查

2. 可吊式救生筏的登筏顺序为________。

A. 先内侧后外侧,左右交替,保持平衡

B. 先外侧后内侧,左右交替,保持平衡

C. 先内侧后外侧,先左侧后右侧

3. 在大风浪中收艇应该在船舶向另一舷倾斜时迅速挂钩。

A. 对　　B. 错

4. 在风浪中放艇最好争取首、尾吊钩同时解脱,如果不能同时,最好________。

A. 先脱掉尾钩,再脱掉首钩

B. 先脱掉尾吊钩,再砍断首吊钩吊索

C. 先脱掉首吊钩,再脱尾吊钩

5. 在船舶横倾 20°时,在船舶倾斜一舷降放艇,首先应该采取的措施是________。

A. 先在艇首、尾设滑橇,便于艇的降放

B. 先在艇首、尾、中的合适位置与船舶之间系上收紧索,便于人员登艇

C. 先使用钩篙抵撑,扩大艇与船之间的距离

6. 在大风浪中收艇时带缆和挂钩的顺序是________。

A. 先带好首尾缆绳,再挂吊钩

B. 先挂好艇尾吊钩,再带缆绳

C. 先挂好艇首吊钩,再带缆绳

7. 大风浪中释放救生艇、救助艇应放哪一舷的艇?

A. 上风舷　　B. 下风舷

C. 随便

8. 在有风浪的情况下,降落救生艇入水时,对于没有联动脱钩装置的艇,应将救生艇放落在________。

A. 浪谷中　　B. 浪峰上

C. 任何位置

9. 在大风浪中回收救生艇一般应选择大船倾斜至救生艇的一侧时迅速挂钩,然后尽快在大船向另一舷横倾时吊离水面。

A. 对　　B. 错

10. 大风中浪降落救生艇、救助艇,艇落水后解开前、后吊艇钩,最好________。

A. 先解艇首钩　　B. 先解艇尾钩

C. 同时解开前、后吊艇钩

11. 每个月要对吊艇索进行检查的项目有________。

A. 吊艇索长度是否合适、是否影响操作

B. 吊艇索排列是否整齐,杜绝相互挤压和绞缠

C. 吊艇索是否是镀锌柔软的不旋转钢丝

12. 对降放装置进行全面检修并做必要实验的时间周期是________。

A. 不超过 1 年的时间间隔　　B. 不超过 3 年的时间间隔

C. 不超过 5 年的时间间隔

13. 降落设备制动器要求的技术性能是________。

A. 在救生艇满载时回收过程能刹住并可靠系留

B. 在救生艇空载时回收过程能刹住并可靠系留

C. 在救生艇满载降放时能够刹住并可靠系留

14. 救助艇吊艇索应在间隔不超过________更新。

A. 1 年　　B. 2 年

C. 5 年

15. 吊艇机的________根吊艇索分别盘绕在吊艇机的滚筒上,排列整齐,不多于________层。

A. 2;2　　B. 3;3

C. 4;3

16. 吊艇索应为柔软的并有足够韧性的________。

A. 缆绳　　B. 镀锌钢丝绳

C. 尼龙绳

17. 在放艇时将艇拉向船舷边，防止因船舶摇摆过大而碰撞船舷的绳索为________。

A. 稳索　　B. 收紧索

C. 止荡索

18. 吊艇架有两根用来固定救生艇用的稳索，因此，在存放时一定要将两稳索________。

A. 系牢　　B. 松懈

C. 随意状态

19. 静水压力释放器（除可自行调换的外）每________检查一次。

A. 6 个月　　B. 12 个月

C. 17 个月

第五节　回收救生艇筏和救助艇的方法

1. 在一般情况下操纵救生艇靠泊时，应与泊位之间成多少度角为好？

A. 10°～20°　　B. 30°～40°

C. 50°～60°

2. 救生艇靠码头时，应选择________靠泊。

A. 顺风流　　B. 顶风流

C. 垂直风流

3. 救生艇回收步骤是________。

A. 收艇、挂钩、带首缆、固定

B. 带首缆、挂钩、收艇、固定

C. 挂钩、收艇、带首缆、固定

4. 在回收救生艇归位后吊艇索要保持收紧固定好救生艇。

A. 对　　B. 错

5. 在进行回收救助艇操作时，艇首缆绳是由________。

A. 船上向救助艇上抛出带缆

B. 救助艇向船上抛出缆绳

C. 大船先将缆绳送放至水面，操艇接近带好艇首缆绳

6. 在操艇接近船舶进行回收救助艇操作时，要注意________。

A. 将艇操至吊钩下，顺利挂好吊钩，将艇吊离水面

B. 操艇先带好艇首缆绳，再将艇移至吊钩下挂钩绞起

C. 先带好救助艇的艏艉稳索,再挂好吊钩吊艇离水

7. 全封闭救生艇回收归位后________。

A. 艇内回收人员应该解掉艇首缆绳备用

B. 船上收艇人员应该收回艇首缆绳并固定存放好

C. 应该确认艇首缆绳一端固定在艇首释放钩上,另一端系结在船舶指定位置上

8. 大船准备回收救生艇时,应降低船速并将救生艇置于大船的________。

A. 上风舷　　B. 下风舷

C. 任意一舷

9. 自由降落艇在收回归位后,操作人员应该首先做的工作是________。

A. 挂好吊艇钩,收紧吊艇索

B. 解脱吊环,存放在艇内顶棚上

C. 解脱吊环,固定在艇尾左、右吊环座盒内

10. 自由降落艇人员登艇的次序是________。

A. 先内侧后外侧,先右侧后左侧,先艇首后艇尾,最后艇长

B. 先艇长后艇员,先艇首后艇尾,先右侧后左侧,最后大副

C. 先艇首后艇尾,先外侧后内侧,先左侧后右侧,最后艇长

11. 自由降落艇降放装置的主要优势是________。

A. 改变了救生艇的构造,增加了救生艇的遥控降放操作

B. 及时加快了救生艇脱离难船的时间,改变了救生艇的构造

C. 改变了救生艇存放的状态,应急时缩短了救生艇脱离难船的时间

12. 构成自由降落艇降放装置的两大部分是________。

A. 吊艇机及其附属设施、吊艇架底座及其附属设施

B. 救生艇滑道及其附属设施、吊艇机及其附属设施

C. 吊艇架及其附属设施、吊艇机及其附属设施

13. 自由降落艇释放装置构件中的横担的主要作用是________。

A. 防止吊艇索的缠绕,减轻吊艇索的受力

B. 在收艇时能够使艇平稳地绞起、不旋转、稳定地进入座架的滑道上

C. 减轻吊艇索的旋转,方便于收艇时的挂钩操作

14. 自由降落艇在利用吊臂起重机降放艇入水时,________。

A. 拉动压艇装置的快速脱钩,使压板转动45°与艇首尾线垂直

B. 打开压艇装置的快速脱钩,使压板转动90°与艇首尾线平行

C. 拉动压艇装置的快速脱钩,使压板转动45°与艇首尾线平行

15. 自由降落式救生艇艇员登艇后,应面向________。

A. 艇首　　B. 艇尾

C. 艇舷侧

16. 自由降落下水救生艇在自由漂浮释放时，当船舶下沉或严重倾斜至横倾________，纵倾________时，都能自由漂浮至水面。

A. 55 度;20 度　　B. 35 度;15 度

C. 75 度;20 度

第六节　离船后行动

1. 救助艇在航行时，艇员必须坐在指定座位上，手握扶手栏杆，精力集中搜寻水面。

A. 对　　B. 错

2. 救助艇在开始起拖操作时，操纵艇时要注意________。

A. 把被拖艇筏放置右舷，缆绳保持垂直

B. 把被拖艇筏放置左舷，缆绳保持垂直

C. 艇的航向与被拖艇筏拖缆的方向应该保持一致

3. 救生艇操纵应避免在横浪中行驶，风、浪大时，不能借助海锚调整艇首方向。

A. 对　　B. 错

4. 救生艇操纵应避免在横浪中行驶，风、浪大时，应使救生艇首与浪呈________。

A. 40°~50°角　　B. 30°~40°角

C. 20°~30°角

5. 救助艇在向航行中的船舶靠泊时，操作上要注意________。

A. 在船舶的上风舷，船尾附近与船舶保持平行，在船中附近贴靠

B. 在船舶的下风舷，船首附近与船舶保持平行，在船中附近贴靠

C. 在船舶的上风舷，船首附近与船舶保持平行，在船中附近贴靠

6. 救生艇操纵离泊时要掌握的要点是________。

A. 用钩篙撑开一段距离，用外舷舵稍进车离开泊位

B. 用钩篙撑开一段距离，用外舷舵稍倒车离开泊位

C. 用钩篙撑开一段距离，用里舷舵稍停车离开泊位

7. 在操纵救生艇靠泊时的基本要点是________。

A. 要顺流靠，控制好艇速、艇位，保持好靠拢角

B. 要顶流靠，控制好艇速、艇位，保持好靠拢角

C. 要顶流靠，快速接近泊位，保持好靠拢角

8. 在一般情况下操纵救生艇靠泊时，艇应与泊位之间成多少度角为好？

A. 10°~20°　　B. 30°~40°

C. 50°~60°

9. 靠离大船舷梯时,要顶风流靠,救生艇从________船尾部接近舷梯。

A. 上风舷　　B. 下风舷

C. 任何一舷

10. 为保证安全,救生艇、救助艇靠舷梯,最好选择在海上________靠最佳。

A. 海面较平稳时　　B. 涌浪大时

C. 风、流较大时

11. 在救生艇的操作中当听到“完车”的口令后,________。

A. 将艇机的完车开关打开,机器运转停止

B. 将加油阀关闭,机器停止动作

C. 将调速器开关合上,机器停止动作

12. 救生艇在安放使用罗经时要注意________。

A. 罗经应安放在艇尾东西方向,与艇首尾线保持一致

B. 罗经应安放在操舵者的前方,罗经基线应与艇的首尾线保持一致或平行

C. 罗经应安放在操舵者的前方,罗经基线应与艇的首尾线保持一致或垂直

13. 划桨时,担任头桨的是________。

A. 船长　　B. 划桨技术较好、动作灵活的艇员

C. 力气大的艇员

14. 当下达收桨口令时,应从________开始收桨。

A. 头桨　　B. 领桨

C. 随意

15. 在划桨时各桨手一定要向哪个桨手看齐?

A. 指挥者　　B. 身边桨手

C. 领桨手

16. 救生艇抢滩应该选择白天高潮时,在下风、流缓处、泥沙底质、坡度小的地点进行。

A. 对　　B. 错

17. 在风浪中操纵救生艇应该保持艇首顶风、顶浪的位置。

A. 对　　B. 错

18. 在风浪中拖带救生艇筏,一定要注意调整好拖缆的长度,注意________。

A. 拖缆的长度能使拖带艇与被拖带艇筏处在同一波浪的同一周期位置内

B. 拖缆的长度能使拖带艇与被拖带艇筏处在不同波浪的同一周期位置内

C. 拖缆的长度能使拖带艇与被拖带艇筏处在不同波浪的不同周期位置内

19. 在大风浪中进行救生艇掉头操纵,应该注意选择较好的时机是________。

A. 应该选择在第二个大浪周期来临前的较好有利时机
B. 选择几个小浪来临前的较好有利时机
C. 应该选择艇在浪峰时的较好有利时机

20. 救生艇在风浪中操纵，下列哪一项措施比较得当？
A. 操纵救生艇首处于顶风、顶浪位置
B. 操纵救生艇首与风浪方向成 20°~30°
C. 操纵救生艇首与风浪方向成 70°~80°

21. 救助艇在集结拖带中转向，应该采取小舵角多次转向来完成转向操作。
A. 对　　B. 错

22. 在进行集结拖带时，如果被拖筏的漂移速度较大，带缆时________。
A. 应该操艇从被拖筏上风流处接近带缆
B. 应该操艇从被拖筏正横处接近带缆
C. 应该从被拖筏的下风流处接近并抛出缆绳带缆

23. 利用救生艇救助落水人员，在接近救助落水人员时要注意________。
A. 操纵艇保持在低速从上风流接近落水人员
B. 操纵艇保持在落水人员的下风流堵截落水人员
C. 操纵艇保持在快速状态下接近落水人员

24. 救助艇在拖带时为保证拖带安全和缆绳的强度，在操作上要注意________。
A. 以最小速度起拖，被拖艇筏移动后持续航行一段再逐渐加速
B. 以中速起拖，被拖艇筏移动后持续航行一段再加大速度
C. 以中速起拖，被拖艇筏移动后逐渐加速

25. 求生人员登上救生艇筏后，艇筏的位置应是________。
A. 失事地点　　B. 失事地点附近海面
C. 远离失事地点

26. 在海上漂浮待救时，将艇筏集结起来的目的是________。
A. 便于分配淡水　　B. 便于分配食物
C. 增大目标

27. 海上待救时，艇筏集结相互间距为________。
A. 10~20 米　　B. 20~30 米
C. 30~40 米

28. 通常海面上的艇筏应主动驶至大船的________待救。
A. 船首海面　　B. 上风海面
C. 下风海面

29. 海上遇险的艇筏与漂浮的落水者应尽量不要横在救援船舶的________。

A. 船首 B. 船尾

C. 上风舷

30. 弃船时,船员通过救生艇的________登上自由降落式救生艇。

A. 首门 B. 侧门

C. 尾门

第七节 释放装置

1. 重力式降放全封闭救生艇的吊钩脱开装置应该________。

A. 在无负荷和有负载情况下,都应该能够同时脱开所有的吊艇钩

B. 发出警示后,在无负荷情况下应该能够脱开吊艇钩

C. 有负载时,应该能够同时脱开所有的吊艇钩

2. 静水压力释放器是利用压力随水深增加而增大的原理,触发打开绑扎的开关来完成释放的。

A. 对 B. 错

3. 下图所示的是何种静水压力释放器?

A. 拉杆式 B. 自行调换式

C. 手掀式

第八节 维护保养

1. 救生艇内口粮在进行每 6 个月检查时,发现口粮胀袋但未过期,应如何处理?

A. 马上更换新的口粮 B. 等到期一起更换

C. 把涨袋的口粮拿出来

2. LSA 规则中对艇机的检查要求是________。

A. 停港时每周检查一次,起动、运转试机不少于 3 min

B. 航行期间每周检查一次，起动、运转试机不少于 3 min

C. 所有艇机每周检查一次，起动、运转试机不少于 3 min

3. 艇的属具多长时间详细清点一次？

A. 三个月　　B. 六个月

C. 一个月

4. 救生艇内食品应该________时间检查一次，发现过期、变质应及时更换。

A. 每季度　　B. 每半年

C. 每年

5. 配备在船舶上的救生筏，一定要将首缆牢固地系在筏架的静水压力释放器上或船舶的固定物体上。

A. 对　　B. 错

6. 气胀式救生筏安放在船上，为防止日晒雨淋，应在存放筒的外面加上适当的保护罩。

A. 对　　B. 错

7. 为了更好保护气胀式救生筏，应在存放筒的外表涂漆或加防护罩。

A. 对　　B. 错

8. 救生筏的快速脱钩装置、固定绳索、首缆、卸扣、存放筒封条、绳塞等要每个月检查一次。

A. 对　　B. 错

9. 具有联动脱钩装置的救生艇，其控制手柄应涂成________。

A. 黄色　　B. 红色

C. 黑色

10. 救生艇外部顶盖应设一盏人工控制示位灯，其可使用时间不小于________。

A. 48 小时　　B. 36 小时

C. 12 小时

11. 按公约要求，救生艇应设反光材料，反光材料粘贴在________。

A. 艇盖上方，艇缘，艇左、右舷，艇底　　B. 艇左、右舷

C. 艇尾

12. 油船上的救生艇筏不应存放在________的上方。

①货油舱；②污油舱；③爆炸性货物舱；④危险性货物舱

A. ②③④　　B. ①③④

C. ①②③④

13. 救生筏应始终处于即可使用状态，使________名艇员能在少于________分钟内完成登乘和降落工作。

A. 2;5　　B. 2;10

C. 3;5

14. 救生艇内的淡水(密封罐装的除外)应每隔多少时间更换一次?

A. 一个月　　B. 六个月

C. 十二个月

15. 救生艇艇体外应涂________。

A. 白漆　　B. 红漆

C. 橙黄色漆

16. 气胀式救生筏外观良好,其检修间隔可经主管机关或其认可的组织同意后延长到________。

A. 24 个月　　B. 17 个月

C. 15 个月

17. 气胀式救生筏,如果篷柱气压不足,可用手动风泵在________处补气阀充气。

A. 篷柱　　B. 上浮胎

C. 下浮胎

18. 救生筏的自行更换式静水压力释放器每________更换一次。

A. 1 年　　B. 2 年

C. 5 年

19. 救生艇吊艇索在存放状态应是________。

A. 救生艇和艇架重量全部不在吊艇索上

B. 救生艇和艇架重量全部集中在吊艇索上

C. 救生艇和艇架重量部分集中在吊艇索上

20. 在进行救助艇的检查保养过程中,下列哪一项不是月度检查的工作项目?

①表面的标志是否清晰;②反光带是否正常;③艇的通信设备;④导航设施;⑤搜寻设施;⑥艇体外部验视等是否正常,并做好记录

A. ⑥　　B. ①③④

C. ②⑤⑥

21. 船舶救助艇检查和保养中规定多长时间进行目视检查?

A. 每周　　B. 每个月

C. 每季度

22. 每周应对救助艇及降落设备进行目视检查,以确保立即可用。

A. 对　　B. 错

23. 充气式救助艇可以在船上按制造厂的说明书,由船员进行应急修理。

A. 对　　B. 错

参考答案

第一节 救生艇筏和救助艇的结构和属具

1. B 2. B 3. C 4. B 5. C 6. A 7. B 8. B 9. C 10. B
11. C 12. A 13. C 14. B 15. B 16. A 17. B 18. C 19. A 20. C
21. A 22. A 23. B 24. C 25. A 26. B 27. C 28. A 29. C 30. C
31. B 32. B 33. B 34. B 35. A 36. A 37. A 38. B 39. A 40. A
41. A 42. A 43. A 44. C 45. B 46. A 47. A 48. B 49. B 50. A
51. A 52. A 53. A 54. A 55. A 56. B 57. C 58. C 59. A 60. A
61. A 62. A 63. A 64. B 65. B 66. A 67. B 68. B 69. C 70. B
71. C 72. C 73. A 74. A 75. C

第二节 救生艇筏和救助艇的特性和设施

1. B 2. B 3. A 4. A 5. C 6. A 7. A 8. B 9. B 10. B
11. A 12. A 13. A 14. A 15. C 16. B 17. B 18. B 19. B 20. C
21. A 22. B 23. C 24. C 25. A 26. A 27. C 28. A 29. C 30. B
31. A 32. B 33. B 34. C 35. C 36. A 37. A 38. B 39. A 40. B
41. C 42. B 43. B 44. B 45. A 46. B 47. A 48. A 49. A 50. C
51. C

第三节 救生艇筏和救助艇的释放装置

1. A 2. A 3. C 4. B 5. C 6. B 7. A 8. B 9. B 10. C
11. B 12. A 13. B 14. C 15. A 16. B 17. A 18. A 19. A 20. A
21. A 22. B 23. A 24. A 25. A 26. A 27. B 28. B 29. B 30. A
31. B 32. A 33. B 34. B 35. B 36. B 37. B 38. C 39. A 40. A
41. B 42. C 43. B 44. C 45. A 46. C 47. C 48. C 49. B 50. C
51. C

第四节　释放救生艇筏和救助艇的方法

1. B　2. A　3. B　4. A　5. B　6. A　7. B　8. A　9. B　10. C
11. B　12. C　13. C　14. C　15. A　16. B　17. C　18. A　19. B

第五节　回收救生艇筏和救助艇的方法

1. B　2. B　3. B　4. B　5. C　6. B　7. C　8. B　9. C　10. C
11. C　12. C　13. B　14. B　15. B　16. C

第六节　离船后行动

1. A　2. C　3. B　4. C　5. B　6. A　7. B　8. B　9. B　10. A
11. A　12. B　13. B　14. A　15. C　16. A　17. B　18. B　19. A　20. B
21. A　22. C　23. B　24. A　25. B　26. C　27. B　28. C　29. A　30. C

第七节　释放装置

1. A　2. A　3. B

第八节　维护保养

1. A　2. C　3. C　4. B　5. A　6. B　7. B　8. A　9. B　10. C
11. A　12. C　13. A　14. A　15. C　16. B　17. B　18. B　19. A　20. A
21. A　22. A　23. A

第二章
操作救生艇的机器

第一节　救生艇艇机及属具

1. 若救生艇艇机不能起动的原因是喷油嘴不喷油，应检查________。
   A. 检查进排气筏和缸内活塞密封情况
   B. 使用冷起动液
   C. 燃油滤清器、燃油系统及喷油嘴是否堵塞
2. 救生艇机器的起动操作每次时间最好不超过 15 s，间隔时间不少于 15 s。
   A. 对　　　　B. 错
3. 全封闭救生艇艇机起动操作的主要步骤是________。
   ①打开电源开关；②将主机操纵手柄放置空挡位置；③起动开关先转至预热位置，预热一会；④再将起动开关转至起动位置，主机起动
   A. ①②③④　　　　B. ①②④
   C. ①②③
4. 《国际救生设备规则》规定，救生艇机器起动系统应该是________。
   A. 一套为动力起动系统，另一套为手起动系统
   B. 设立两个独立的动力起动系统和一套辅助起动系统
   C. 分别为动力起动和手起动系统；或设立两个独立的可充电的动力起动系统
5. 机动救生艇艇机起动后，一定要低速运转 5~10 分钟，其目的是________。
   A. 节约燃油
   B. 对艇机机体加热，以减少机体各部件的热应力
   C. 使润滑油缓慢升高
6. 每隔多长时间应对救助艇的发动机进行总时间不小于 3 分钟的正车和倒车运转试验？
   A. 每 6 个月　　　　B. 每 3 个月
   C. 每周
7. ________不得妨碍救生艇发动机的起动系统。
   ①罩壳；②横座板；③其他障碍

A. ①②③　　B. ①②

C. ③

8. 如果环境温度在 0 ℃或 0 ℃以下时,机动艇停机后应使机器冷却水降至 30~40 ℃后再打开放水开关。

A. 对　　B. 错

9. LSA 规则规定救生艇重力式降放设备在操作上要求________。

A. 由一个人在船舶甲板上或在救生艇内都能够进行降放操作

B. 由两个人在救生艇内进行降放操作

C. 由一个人在救生艇内进行降放操作

10. 救生艇的吊艇架在结构上要求具有________的特点。

A. 构造复杂、保养容易、维护工作量少、安全技术好

B. 构造简单、保养容易、维护工作量少、操作简单

C. 构造复杂、保养量大、电动操作安全、技术好

11. 救生艇吊艇架上配备的稳索的作用是________。

A. 在艇的降放中保持艇的稳定

B. 将救生艇稳固于吊艇架上,防止救生艇在风浪中晃荡

C. 在救生艇降放中保持稳定

12. 海船上配备救生艇吊艇架的种类主要有两种:________。

A. 一种是重力式吊艇架,另一种是自由降落艇的降放装置

B. 一种是自由降落艇的降放装置,另一种是直杆式吊艇架

C. 一种是叉型支撑式吊艇架,另一种是直杆式吊艇架

13. 吊艇架横张索上,至少应固定________救生索。

A. 1 根　　B. 2 根

C. 3 根

14. 吊艇架横张索上配备的救生索长度应满足________。

A. 船舶最大航行吃水,并向船舶任何一舷横倾 20 度时到达水面

B. 船舶最大航行吃水,并向放艇舷横倾 20 度时到达水面

C. 船舶最小航行吃水,并向船舶任何一舷横倾 20 度时到达水面

15. 自由降落下水的救生艇存放在________。

A. 船舷支架上　　B. 船首支架上

C. 船尾支架上

16. 最常用的救生艇吊艇架是________。

A. 旋转式　　B. 自由落水式

C. 重力式

17. 下图所示的哪种吊艇架是重力式的?

①

②

③

A. ①②③　　　　B. ①②

C. ②③

18. 救生艇发动机、传动装置和发动机的附件，应围蔽在阻燃罩壳或其他能提供类似保护的适当装置中。

A. 对　　　　B. 错

19. 在救生筏的释放装置中，可吊式筏架的优点是________。

A. 船员可顺滑道到海面进入筏内　　　　B. 船员无须入水就能进入筏内

C. 船员跳水后可迅速进入筏内

20. 气胀式救生筏的降落装置可分为________。

①抛投式；②机械吊放式；③自由滑落式

A. ①②　　　　B. ①②③

C. ①③

21. 气胀式救生筏投放式筏架有________。

A. 固定式、吊放式、滚动式　　　　B. 水平式、翻架式、滚动式

C. 水平式、滚动式、翻滚式

22. 在救生筏的释放装置中，滚动式筏架放置救生筏时________。

A. 用固定绳索系牢在静水压力器的吊重环上

B. 不用固定绳索系牢，直接置于筏架上

C. 只将首缆缚牢在筏架脚上

23. 下图所示的静水压力释放器属于哪种型式？

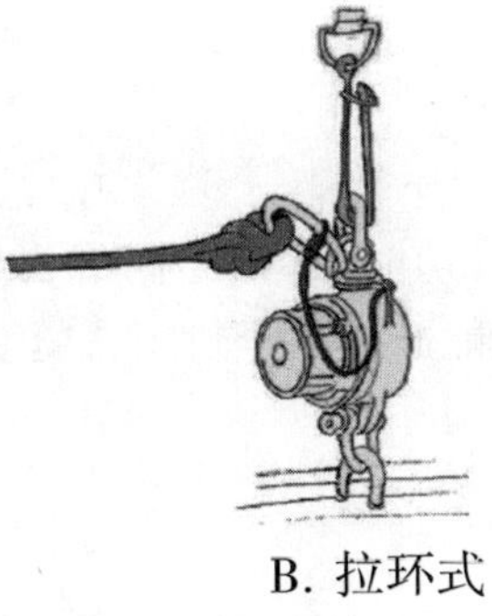

A. 拉杆式　　　　B. 拉环式

C. 旋转式

24. 下图所示的静水压力释放器属于哪种型式?

A. 拉杆式　　B. 自行调换式

C. 旋转式

25. 全封闭艇主机起动后操作指示灯仍未熄灭,________。

A. 应该立即停止运转,查找原因确定后,才能再次起动

B. 应该立即停止运转,反复起动多次,查找原因确定后再航行

C. 应该继续运转起动,查找原因确定后,才能再续航

26. 当机动艇燃油管内进入空气后而不能起动时,最有效的排除方法是________。

A. 将燃油管拆开排除空气

B. 拧开喷油泵上的放气螺钉,用手动油泵将油路中的空气排除后,再将螺钉拧紧

C. 给油管加温以排除空气

27. 当环境温度低,艇机机体较冷而艇机起动困难时,最有效的解决方法是________。

A. 给燃油加温　　B. 用火烤

C. 使用冷起动液协助起动

第二节　艇上灭火器的使用方法

1. 救生艇内配备的灭火器,一般容量至少不能小于 10 千克。

A. 对　　B. 错

2. 艇用灭火器除了具有灭火功能外,还具有在小范围内释放不会致使人员遭到危险的作用。

A. 对　　B. 错

3. 艇用灭火器除了具有灭火功能外,还具有在小范围内释放不会致使人员遭到危险的作用,下列灭火器不能配备在全封闭式艇上的是________。

A. 干粉灭火器　　B. 泡沫灭火器

C. 二氧化碳灭火器

参考答案

第一节　救生艇艇机及属具

1. C　2. A　3. A　4. C　5. B　6. C　7. A　8. A　9. A　10. B
11. B　12. A　13. B　14. C　15. C　16. C　17. B　18. A　19. B　20. A
21. B　22. A　23. B　24. B　25. A　26. B　27. C

第二节　艇上灭火器的使用方法

1. B　2. A　3. C

第三章

弃船后的艇筏管理

第一节　救生艇筏和救助艇的操纵

1. 划桨中,下图所示的行为执行的是哪一个动作?

A. 立桨　　　　B. 桨挡水

C. 顺桨

2. 划桨中,下图所示的行为执行的是哪一个动作?

A. 立桨　　　　B. 平桨

C. 顺桨

3. 划桨中,下图所示的行为执行的是哪一个动作?

A. 立桨　　　　B. 平桨

C. 顺桨

4. 划桨中，下图所示的行为执行的是哪一个动作？

A. 立桨　　　　B. 平桨

C. 顺桨

5. 在大风浪天气中操纵救生艇，无法控制艇身而被打横时，应采取的措施是________。

A. 加速操纵救生艇，并调整航向使艇斜顶风、顶浪

B. 加速操纵救生艇，并调整航向使艇斜顺风、顺浪

C. 迅速放出海锚，使艇顶风、顶浪

6. 救助艇在拖带时，为保证拖带安全和缆绳的强度在操作上要注意________。

A. 以最小速度起拖，快速加速

B. 以中速起拖、被拖艇筏移动后持续航行一段再逐渐加速

C. 以最小速度起拖，被拖艇筏移动后持续航行一段再逐渐加速

7. 救助艇在救助落水人员时，救助艇应从________靠近落水人员。

A. 上风流　　　　B. 下风流

C. 横风流

第二节　艇首缆、海锚及其他设备的使用

1. 抛放海锚可以防止救生艇筏被风浪打横造成倾覆。

A. 对　　　　B. 错

2. 救生筏备品中配备 2 块海绵的用途是________。

A. 排除筏内积水

B. 收集淡水

C. 一块专门用来收集淡水，另一块用来排除筏内积水

3. 下列哪种方法是借助救生艇缆绳离开航行中船舶的正确操作?
   A. 解掉艇首缆绳,起动艇机、用车,驶离船舶
   B. 稍用外舷舵,使艇与船偏离一段距离,起动艇机、用车,解掉缆绳驶离
   C. 稍用里舷舵,操艇与船航行一段距离,起动艇机、用车,解掉缆绳驶离
4. 抛放海锚操作的主要技术要点是________。
   A. 操艇首处于顶风、顶浪状态,从艇首抛放出海锚,绳索松放合适的长度后系牢
   B. 操艇首处于顶风、顶浪状态,从艇尾抛放出海锚,绳索松放合适的长度后系牢
   C. 操艇首处于顺风、顺浪状态,从艇尾抛放出海锚,绳索松放合适的长度后系牢
5. 在海锚抛放完毕后,海锚索和回收索的受力状况应该如何控制?
   A. 海锚索与回收索同时受力　　B. 回收索受力,海锚索不受力
   C. 海锚索受力,回收索不受力
6. 大风浪中要保持救生艇顶风顶浪应借助________。
   A. 舵　　B. 桨
   C. 海锚
7. 保持艇首顶风、顶浪,减少上浪,防止艇筏倾覆,应施放________。
   A. 绳索　　B. 镇浪油
   C. 海锚
8. 海锚主要作用之一是________。
   A. 保持艇不会移动　　B. 防止艇内进水
   C. 保持艇首顶风顶浪
9. 救生艇的海锚回收时,为加快收回速度,应同时拉回收索和海锚索。
   A. 对　　B. 错
10. 救生艇在海上遇到恶劣天气时可投放海锚,海锚应从________。
    A. 艇尾投放　　B. 艇中间投放
    C. 艇首投放
11. 在离开难船漂流待救中修补救生筏,如发现破洞口是近似圆形、口不大,可以直接使用________补洞。

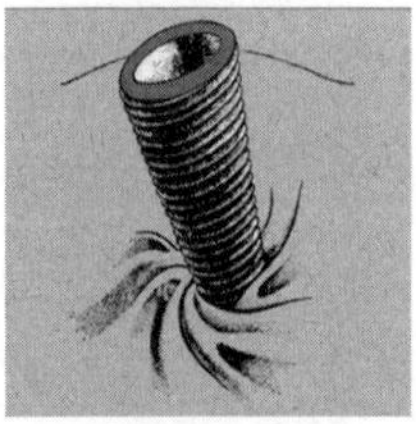

A.

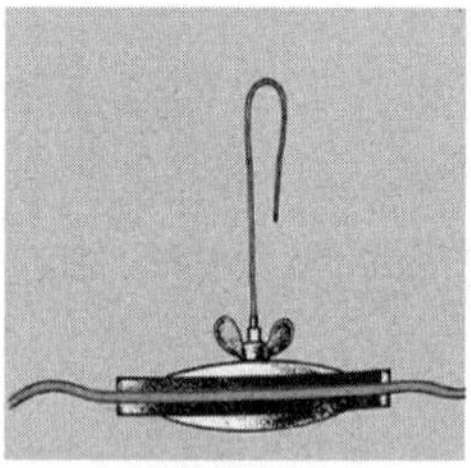

B.

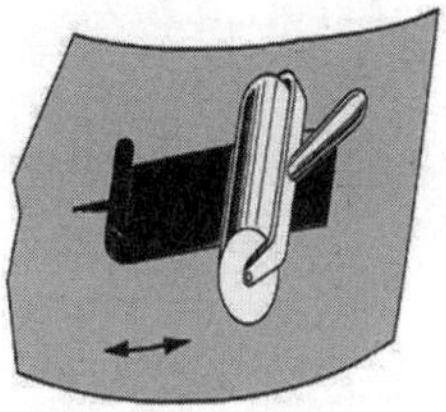

C.

12. 在离开难船漂流待救过程中修补救生筏，如果发现破洞稍大或者是稍长的裂缝，可以使用________补洞。

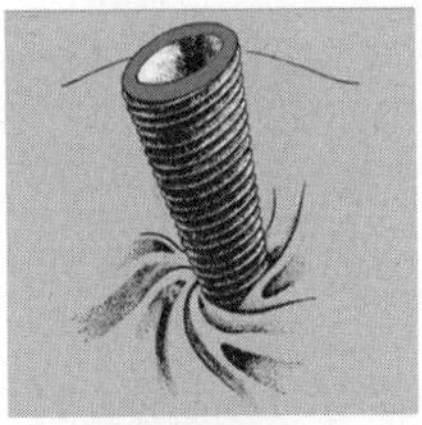

A.

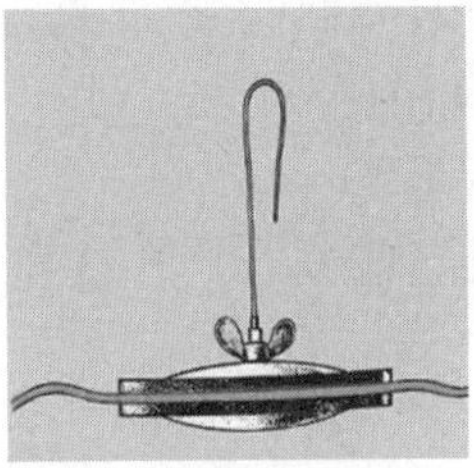

B.

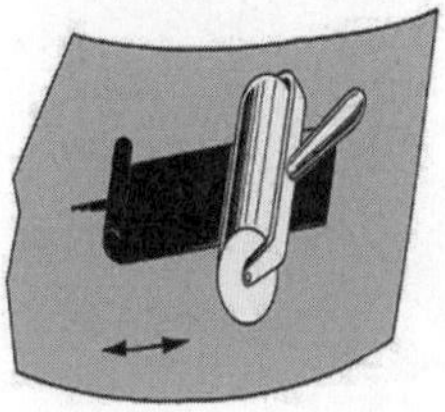

C.

13. 用如下图所示的方法修补救生筏时，下列说法错误的是________。

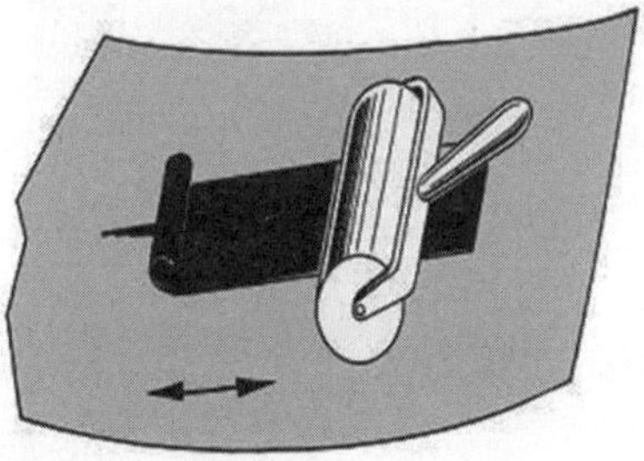

A. 剪裁一块尼龙橡胶布至少比破洞大 25 mm

B. 用砂布打磨一下破洞口的四周，再将补丁打磨去掉蜡光面，在补丁和破洞口的四周均匀地涂上胶水，待胶水稍干后，将补丁粘贴在破口上，挤压平顺

C. 用砂布打磨一下破洞口的四周，再将补丁打磨去掉蜡光面，在补丁和破洞口的四周均匀地涂上胶水，直接将补丁粘贴在破口上，挤压平顺

14. 救助艇上应有足够长度和强度的艇首缆绳一根,连接脱开装置设置于救助艇的前端。
    A. 对　　B. 错
15. 救助艇拖带集结使用的是________。
    A. 救生艇或救生筏的首缆　　B. 救助艇的首缆
    C. 救助艇配备的 50 m 的可浮索
16. 回收海锚的方法是________。
    A. 拉海锚索,把海锚拉回　　B. 拉回收缩,使海锚掉头拉回
    C. 同时拉海锚索和回收索,把海锚拉回
17. 救生筏离开难船前应首先________。
    A. 用小刀割断首缆　　B. 解开首缆
    C. 使用静水压力释放器打开首缆

第三节　食物和淡水的分配

1. 弃船后 24 小时内,淡水分发方案为________。
   A. 按照正常每人 500 毫升/天分发　　B. 减半至每人 250 毫升/天分发
   C. 除了伤病员外,对其他人不分发
2. 若艇筏上没有任何淡水,食物如何分发?
   A. 按定量分发口粮　　B. 减至定量一半分发口粮
   C. 不分发任何食物
3. 每艘救生艇的备品中规定,救生口粮按额定乘员每人配备不少于________。
   A. 10000 kJ　　B. 1000 kJ
   C. 1500 kJ
4. 在没有淡水的时候,________。
   A. 可以吃富含蛋白质的食物　　B. 可以吃富含脂肪的食物
   C. 什么食物都不可以吃
5. 在只有少量淡水的时候,可以吃________。
   A. 富含蛋白质的食物　　B. 富含脂肪的食物
   C. 救生艇筏所配给的干粮
6. 弃船人员登上艇筏后,哪些人员可视情况给予适当的淡水?
   A. 船长　　B. 干部船员
   C. 病患者
7. 遇险者在初期可多长时间不需喝水和进食?

A. 12 小时　　B. 20 小时
C. 24 小时

8. 海上求生者可以饮用的水是________。
A. 海水　　B. 雨水
C. 尿

9. 为维持生命每天至少应补充淡水________。
A. 0.5 升　　B. 1 升
C. 1.5 升

10. 救生艇的配备中,额定乘员配备的淡水为________。
A. 2 升/人　　B. 3 升/人
C. 1.5 升/人

11. 离开难船登上救生艇筏后,分发淡水从________开始。
A. 第一天　　B. 第二天
C. 第三天

12. 在救生艇筏内饮用淡水时,每天 0.5 升的淡水要分________饮用。
A. 一次　　B. 三次
C. 两次

13. 现在的救生艇内,每个额定乘员配备淡水 3 升,每人每天需分发 0.5 升的淡水,则遇险后救生艇内的淡水可以维持________天
A. 7 天　　B. 6 天
C. 8 天

14. 在漂流待救时,当雨水与艇筏中所配给的淡水共存时,应该先饮用________。
A. 配给的淡水　　B. 不分先后
C. 雨水

第四节　救生艇筏的定位

1. 搜救雷达应答器在救生筏上设立天线,最好是________。
A. 设立在瞭望窗附近、天线至少距水面 3 m 以上
B. 设立在筏的顶棚上、天线至少距顶棚 1 m 以上
C. 设立在瞭望窗附近、天线至少距水面 1 m 以上

2. 紧急无线电示位标(EPIRB)在救生艇筏中最好应该________。
A. 将示位标放在救生艇筏内由专人负责,示位标会自动发射遇险报警信号
B. 将示位标系结在救生艇筏上,解开起动拉索,抛入水中漂浮并发射遇险信号

C. 将示位标放在救生艇筏内由专人负责,天线保持垂直示位标,自动发射信号

第五节 直升机营救的方法

1. 最后一名被直升机救助人员在吊离救生艇筏前________。
   A. 要将艇筏中的淡水带走 B. 要将艇筏的灯关闭
   C. 要将有效的文件带离
2. 下列不属于直升机救助设备的是________。
   A. 救助吊带 B. 救助吊篮
   C. 救助撇缆
3. 直升机救助作业“两臂平伸、四指握紧、拇指朝下”表示________。
   A. “勿吊升” B. “可以起吊”
   C. “结束作业”
4. 在直升机对救生艇进行救助时,下列哪种操纵方法是不对的?
   A. 驾驶直升机接近救生艇 B. 救生艇集中靠拢,直升机接近
   C. 救生艇加速、保向,接近直升机
5. 直升机在进行救助海上遇险人员时,最常用的一种设备是吊环。
   A. 对 B. 错
6. 直升机在救生艇筏上方悬空时,为防止艇筏倾覆,艇筏上的人员应聚集在艇筏的________。
   A. 中部 B. 首部
   C. 尾部
7. 直升机进行吊升的悬空高度一般是距艇筏的________左右,吊运区周围至少________内无障碍物。
   A. 27 米;18 米 B. 16 米;27 米
   C. 27 米;16 米
8. 救生艇内保温用具配备数量为________。
   A. 2 件 B. 3 件
   C. 2 件和乘员定额的 10%取大值
9. 保温用具要求穿着者落水后能在________内将其脱掉。
   A. 1 min B. 2 min
   C. 3 min

第六节　低温效应及其预防

1. HELP 姿势的作用主要是________。
A. 增加浮力　　B. 减少体热散失
C. 保持呼吸顺畅

2. 在救生艇筏上漂浮待救人员,防止低温效应的有效方法之一是________。
A. 不停地活动　　B. 脱掉衣服,按摩身体
C. 尽量多穿衣服

3. 弃船后丧生的主要原因是________。
A. 溺水　　B. 饥饿致死
C. 低温冻死

4. 人体体温下降至多少摄氏度以下就会出现"低温昏迷"?
A. 35 ℃　　B. 28 ℃
C. 24 ℃

5. 落水者在水中减少热量散失的最佳姿势是 Help 姿势。
A. 对　　B. 错

6. 人体在冷水中要保持体温不应该________。
A. 多穿衣服　　B. 保持 HELP 姿势
C. 饮用酒精饮料

7. 求生者在低温的水中,造成低温昏迷的主要因素有________。
①人体表面的隔热能力太差;②水的导热速度太快;③衣服穿得太多,阻碍运动
A. ①②③　　B. ①②
C. ②③

8. 求生者在低温的水中,随着暴露时间的延长,散热速度的加快,人体将不能够正常地保存体温,体温开始下降,紧接着会出现________。
A. 手脚麻木　　B. 低温昏迷
C. 过冷现象

9. 求生者在低温的水中,当体温下降到 35 ℃以下时,人员就会出现________。
A. 手脚麻木　　B. 低温昏迷
C. 过冷现象

10. 当船舶发生海难事故,船长发出弃船命令后,全体船上人员在弃船前,只要时间来得及,现场情况允许,就要尽最大的可能做好自我保护的措施,包括________。

①在时间允许的情况下尽可能多穿几层衣服;②尽可能从难船上直接登上救生艇筏,避免直接入水;③在水中漂浮待救时,求生人员要保持 HELP 姿势,以减少体热散失

A. ①②　　B. ①②③

C. ②③

11. 当船舶发生海难事故,船长发出弃船命令后,全体船上人员在弃船前,只要时间来得及,现场情况允许,就要尽最大的可能做好自我保护的措施,以下措施错误的是________。

①在时间允许的情况下尽可能多穿几层衣服;②在水中漂浮待救时,可以游泳以保持体温;③尽可能从难船上直接登上救生艇筏,避免直接入水

A. ②　　B. ②③

C. ①③

12. 救生服(浸水服)无须专门训练即可在________内迅速拆包并穿好。

A. 2 分钟　　B. 3 分钟

C. 5 分钟

13. 保温用具在气温________范围内应能正常使用。

A. −20～+10 ℃　　B. −20～+30 ℃

C. −30～+20 ℃

14. 保温用具应能遮盖穿着救生衣的人员除脸部以外的整个身体,但必须在同伴的帮助下将它拆开并穿着。

A. 对　　B. 错

15. 气胀式救生筏的属具中,要求应供有足够________的救生筏额定乘员使用的保温用具。

A. 10%　　B. 5%

C. 15%

第七节　艇筏抢滩

1. 机动艇抢滩可以操纵救生艇艇首直接进行抢滩。

A. 对　　B. 错

2. 在救生艇抢滩操作时,一定要操控救生艇艇体与波浪平行。

A. 对　　B. 错

3. 救生艇抢滩登陆操作在救生艇艇体接近岸边的瞬间要特别注意________。

A. 防止救生艇艇体打横造成倾覆　　B. 防止救生艇艇体过早登陆抢滩不实

C. 防止救生艇艇体碰撞触礁

4. 救生艇抢滩地点应选择为________。

A. 礁石　　B. 暗礁

C. 沙滩

5. 救生艇在抢滩之前,首先应选择好抢滩地点和抢滩时机,否则不可贸然行动。

A. 对　　B. 错

6. 机动艇抢滩登陆,应使艇首朝岸滩。

A. 对　　B. 错

7. 救生艇抢滩时,当艇一坐上岸滩,艇员应立即离艇。

A. 对　　B. 错

8. 救生艇抢滩登陆地点应选择上风、流缓处进行。

A. 对　　B. 错

9. 抢滩的时机:一般情况下,应该选择在________抢滩登陆。

①白天、高潮时;②下风、流缓处;③泥沙底质、浅滩坡度小,水中无障碍物

A. ①②③　　B. ①②

C. ②③

10. 操纵救生艇抢滩操作时,一定要始终控制艇体与波浪________。

A. 垂直　　B. 平行

C. 成 20°~30°夹角

11. 艇体坐上岸滩后,艇员应________。

A. 立即离开救生艇

B. 先不要离开救生艇,集中在艇坐浅的部位压实,让艇搁住

C. 不要集中在艇坐浅的部位,防止损坏救生艇

12. 机动救生艇抢滩成功后,应将救生艇拖到岸上并固定好。

A. 对　　B. 错

13. 救生艇抢滩登陆要选择好时机,一般选择________时。

①白天;②晚上;③高潮;④低潮

A. ①③　　B. ①④

C. ②③

14. 救生艇抢滩应该选择白天________时、下风流缓处、泥沙底质坡度小的地点进行。

A. 高潮　　B. 低潮

C. 平潮

15. 救生艇抢滩登陆要选择好方法,一般选择________抢滩。

A. 艇首垂直于岸　　B. 艇尾垂直于岸

C. 与岸成30°~40°角

参考答案

第一节　救生艇筏和救助艇的操纵

1. B　2. C　3. B　4. A　5. C　6. C　7. B

第二节　艇首缆、海锚及其他设备的使用

1. A　2. C　3. B　4. A　5. C　6. C　7. C　8. C　9. B　10. C
11. A　12. B　13. C　14. A　15. C　16. B　17. A

第三节　食物和淡水的分配

1. C　2. C　3. A　4. C　5. C　6. C　7. C　8. B　9. A　10. B
11. B　12. B　13. A　14. C

第四节　救生艇筏的定位

1. C　2. B

第五节　直升机营救的方法

1. B　2. C　3. A　4. C　5. A　6. A　7. C　8. C　9. B

第六节　低温效应及其预防

1. B　2. C　3. C　4. A　5. A　6. C　7. B　8. C　9. B　10. B
11. A　12. A　13. C　14. B　15. A

第七节　艇筏抢滩

1. A　2. B　3. A　4. C　5. A　6. A　7. B　8. B　9. A　10. A
11. B　12. A　13. A　14. A　15. A

第四章

定位设备、通信设备、信号设备及烟火信号

第一节　无线电救生设备的使用方法

1. 搜救雷达应答器存放于驾驶台外两侧的存放架上。

A. 对　　B. 错

2. 搜救雷达应答器的信号在被搜寻雷达接收时,开始工作的信息是________。

A. 天线起动灯开始亮,蜂鸣器不断发出“嘀嘀”声响

B. 灯光不断联闪,蜂鸣器不断发出语言通告

C. 灯光不断联闪,蜂鸣器不断发出“嘀嘀”声响

3. 搜救雷达应答器被触发后会在搜寻的雷达荧光屏上显示________径向亮点。

A. 12 个　　B. 10 个

C. 8 个

4. 搜救船舶或飞机所发射的________。

A. 甚高频信号会触发搜救雷达应答器工作

B. 高频信号会触发搜救雷达应答器工作

C. 探测脉冲会触发搜救雷达应答器工作

5. 卫星紧急无线电示位标________。

A. 能在 500 MHz 频道发送遇险信号　　B. 能在 406 MHz 频道发送遇险信号

C. 能在 2182 MHz 频道发送遇险信号

6. 406 MHz 卫星紧急无线电示位标被放置海水中后,不打开示位标顶端开关________。

A. 会自动发射　　B. 不会自动发射

C. 要在水中打开开关才会发射

7. 船舶遇险时可使用的最先进的报警定位设备是________。

A. 卫星紧急无线电示位标　　B. 应急发报机

C. 求救烟火信号

8. 搜救雷达应答器的表面应呈可见度高的橘黄色。

A. 对　　B. 错

9. 搜救雷达应答器可手动起动,以便在被 9 GHz 雷达触发时能做出响应。

A. 对　　B. 错

10. 搜救雷达应答器应安装于船舶的最高处。

A. 对　　B. 错

11. 搜救雷达应答器在全球海上遇险通信系统中主要用于________。

A. 搜寻遇险的船舶和救生艇　　B. 增大雷达回波亮度

C. 搜寻联系信号

12. 当船舶遇险沉没到一定深度时,安装在自动释放架上的卫星紧急无线电示位标能________。

A. 保持在释放架上　　B. 在水底自动起动

C. 自动脱离起动发射

13. 下图所示设备的名称是________。

A. 雷达反射器　　B. 搜救雷达应答器

C. 紧急无线电示位标

14. 下图所示设备的名称是________。

A. 雷达反射器　　B. 搜救雷达应答器

C. 紧急无线电示位标

15. 如下图所示,在雷达上显示的是________发出的信号。

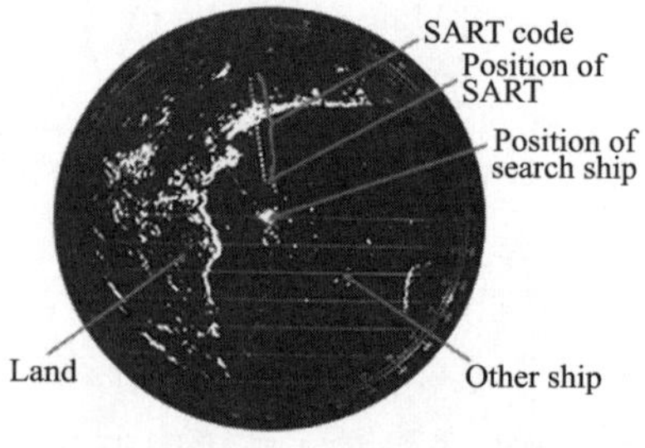

A. 雷达反射器　　B. 搜救雷达应答器

C. 紧急无线电示位标

16. 下图所示设备在客船和 500 总吨及以上的货船要求的配备数量为________。

A. 1 台　　B. 每舷至少 1 台

C. 3 台

17. 下图所示设备在 500 总吨以下的货船的配备数量为________。

A. 1 台　　B. 至少 1 台

C. 2 台

18. 下图所示设备平时存放在________。

A. 救生艇筏上
B. 驾驶台两侧的存放架上
C. 生活区出口处

19. 下图所示设备的名称是________。

A. 搜救雷达应答器　　B. 紧急无线电示位标
C. 甚高频双向无线电话

20. 下图所示设备在客船和500总吨及以上的货船上配备的数量是________。

A. 2台　　B. 1台
C. 至少应该配备3台

21. 下图所示设备平时存放位置为________。

A. 生活区入口　　B. 救生艇上
C. 驾驶台

22. 下图所示的标示是________。

A. 甚高频双向无线电话　　B. 紧急无线电示位标

C. 搜救雷达应答器

23. 下图所示的标示是________。

A. 甚高频双向无线电话　　B. 紧急无线电示位标

C. 搜救雷达应答器

24. 以下哪种设备发射出的电文包括能解读出船舶国籍、船名、船舶呼号、难船位置等信息的识别码？

A. 

B. 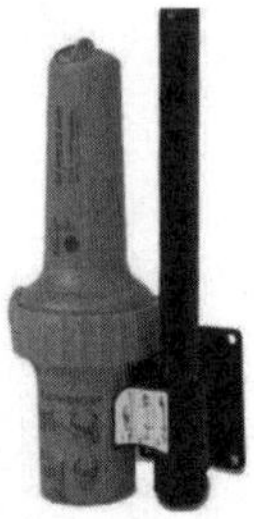

C. 

25. 搜救雷达应答器(SART)平时存放时开关应处在“ON”位置。

A. 对　　B. 错

26. 下图所示设备的名称是什么?

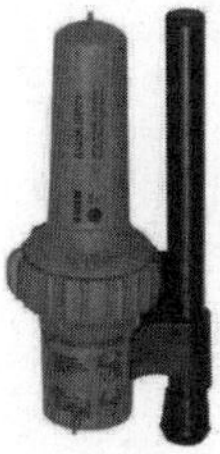

A. 卫星紧急无线电示位标　　B. 搜救雷达应答器

C. 雷达反射器

27. 下图所示设备的名称是什么?

A. 卫星紧急无线电示位标　　B. 搜救雷达应答器

C. 雷达反射器

28. 弃船时,EPIRB 应如何操作?

A. 由专人携带至救生艇筏内　　B. 可以自动释放,不用携带

C. 起动后抛入海里

29. 弃船后 SART 开关应在________打开。

A. 弃船撤离到艇筏后立即　　B. 发现船舶或飞机时

C. 收到船舶或飞机联系信号后

30. X 波段雷达屏幕上出现 12 个点的信号说明________。

A. 一定是雷达反射器信号　　B. 可能是一排小目标的信号

C. 一定是 SART 发出的信号

31. SOLAS 公约要求客船和 500 总吨及以上的货船,配备 SART ________个。

A. 1　　B. 2

C. 3

第二节　烟火遇险信号

1. 使用日光信号镜镜面反射日光,射向船舶或者飞机可以引起驾驶员的注意。
   A. 对　　B. 错
2. 漂浮烟雾信号将信号罐抛入上风舷水中或持在手中,让其发烟漂浮。
   A. 对　　B. 错
3. 漂浮的烟雾信号在起动后能喷出________烟雾信号,持续时间不少于________。
   A. 浅黄色;90 秒　　B. 浅黄色;60 秒
   C. 橙黄色;180 秒
4. 手持红光火焰信号点燃后应将信号伸出救生艇的________。
   A. 上风侧舷外　　B. 下风侧舷外
   C. 尾部舷外
5. 降落伞火箭信号比较常见的发射方式有________和________。
   A. 拉发式;压发式　　B. 触发式;抛发式
   C. 抛发式;拉发式
6. 船舶遇险,在发现远处有船舶时,白天最好使用的视觉信号是________。
   A. 烟雾信号　　B. 降落伞火箭信号
   C. 手持红火焰信号
7. 释放手持火焰信号时,应从________。
   A. 艇首释放　　B. 艇尾释放
   C. 下风释放
8. 释放漂浮的橙黄色烟雾信号,应从________。
   A. 下风释放　　B. 艇尾释放
   C. 上风释放
9. 白昼晴天在远处海面发现有过往的船舶时,应立即使用________。
   A. 降落伞火箭信号　　B. 手持红光火烟信号
   C. 日光信号镜
10. 夜晚遇险船为了向附近飞机、船舶求救应________。
   A. 释放烟雾信号　　B. 使用火焰信号
   C. 使用日光反射镜
11. 在海上漂浮待救,夜间发现救助的飞机,为引起注意最好释放________。
   A. 日光信号镜　　B. 手持红光火焰信号

C. 橙黄色烟雾信号

12. 在海上漂浮待救,白天发现救助的船舶、飞机,为引起注意最好释放________。

A. 红光降落伞火箭　　B. 手持红光火焰信号

C. 橙黄色烟雾信号

13. 如下图所示,白天用的求救视觉信号是________。

A. 

B. 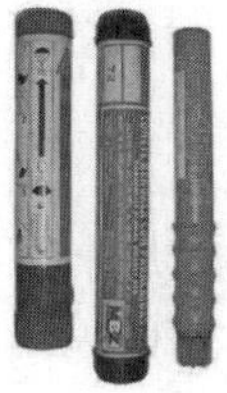

C. 

14. 下图中属于夜间用的求救视觉信号的是________。

A. 

B. 

C. 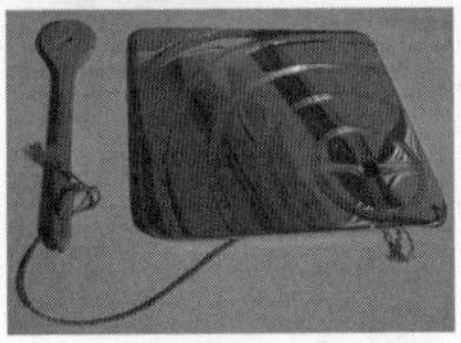

15. 下列信号,适合白天使用的有________。

①火箭降落伞信号;②红光火焰信号;③橙红色烟雾信号;④日光信号镜

A. ①③④　　B. ②③④

C. ③④

16. 下列信号适合晚上使用的有________。

①火箭降落伞信号;②红光火焰信号;③橙红色烟雾信号;④日光信号镜

A. ①②③　　B. ①②

C. ②③④

17. 救生艇筏上的烟火信号的使用时机为________。

A. 弃船后,救生艇筏离开难船时

B. 当船舶或飞机出现在视线范围内时

C. 当船舶或飞机发现救生艇筏时

参考答案

第一节　无线电救生设备的使用方法

1. B　2. C　3. A　4. C　5. B　6. A　7. A　8. A　9. A　10. B
11. A　12. C　13. C　14. B　15. B　16. B　17. B　18. B　19. C　20. C
21. C　22. C　23. A　24. A　25. B　26. B　27. A　28. A　29. A　30. C
31. B

第二节　烟火遇险信号

1. A　2. B　3. C　4. B　5. A　6. A　7. C　8. A　9. C　10. B
11. B　12. C　13. C　14. A　15. C　16. B　17. B

第五章

急救

第一节　急救箱和复苏技能

1. 既可以治疗冻伤又可以治疗蚊虫叮咬的药物是________。
   A. 双氧水　　B. 生理盐水
   C. 绿药膏
2. 防暑药中，最常用的是十滴水、人丹、藿香正气水。
   A. 对　　B. 错
3. 进行胸外心脏按压时，按压部位应是胸骨上 1/3 和下 2/3 交界处。
   A. 对　　B. 错
4. 红药水和碘酒都是外用消毒药品，二者同时使用效果更佳。
   A. 对　　B. 错
5. 救生艇筏上每人配晕船药为________。
   A. 24 小时用量　　B. 36 小时用量
   C. 48 小时用量
6. 急救包(箱)常用的备品包括________。
   ①器械；②敷料；③药品；④晕船药
   A. ①②③　　B. ②③④
   C. ①②③④
7. 不能与碘酒合用的外用药是________。
   A. 红药水　　B. 紫药水
   C. 生理盐水
8. 防中暑的药有________。
   ①十滴水；②人丹；③清凉油；④甘露醇
   A. ②③④　　B. ①②③
   C. ①②③④

9. 救生艇筏内急救药箱到期前正确的做法是________。
   A. 申请将要到期的药品进行更换　　B. 申请新的急救药箱并更换
   C. 申请急救药箱的检验并延期
10. 心脏按压成功的最主要的标志是________。
   A. 颈动脉搏动　　B. 肤色转红
   C. 测有血压
11. 人工呼吸的目的是为自主呼吸的恢复创造有利的条件。
   A. 对　　B. 错
12. 心脏复苏术使用过程中,口对鼻人工呼吸法适用于口对口人工呼吸效果不佳的病人。
   A. 对　　B. 错
13. 如下图所示,人工呼吸法包括________。

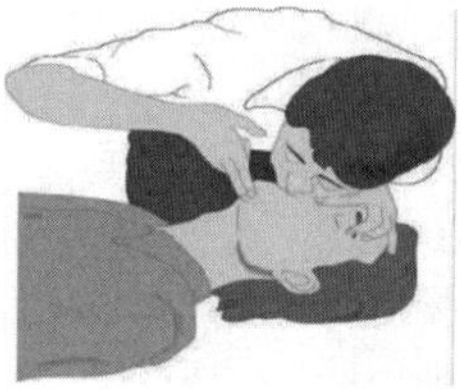

①

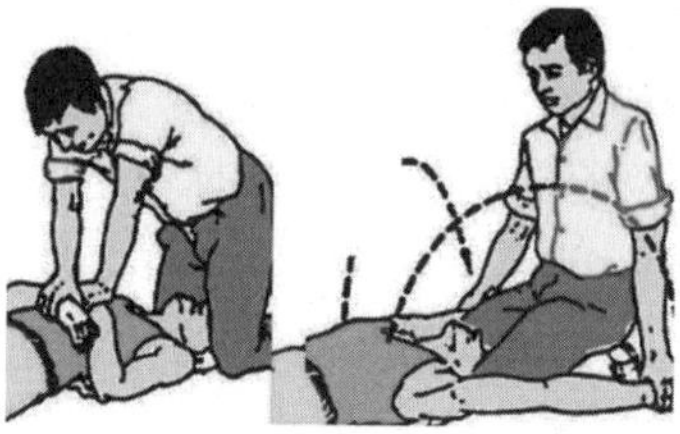

②

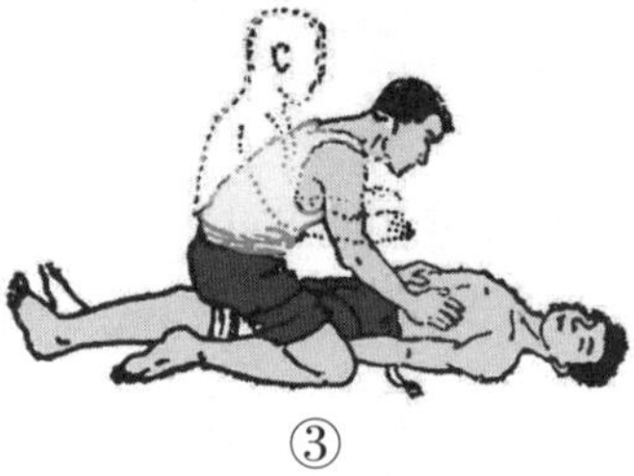

③

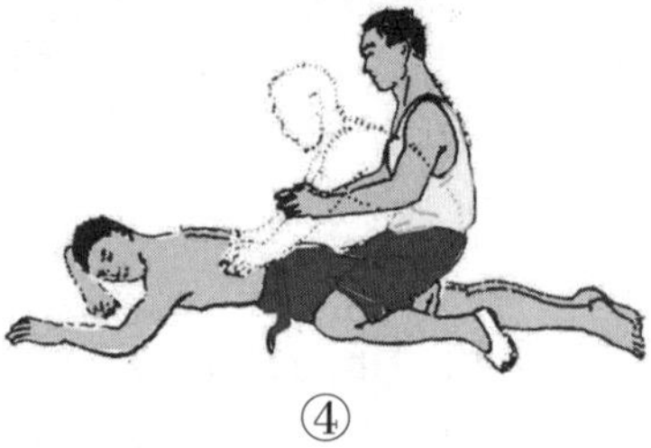

④

   A. ①②③④　　B. ②③④
   C. ①②③
14. 下图所示的复苏技能为________。

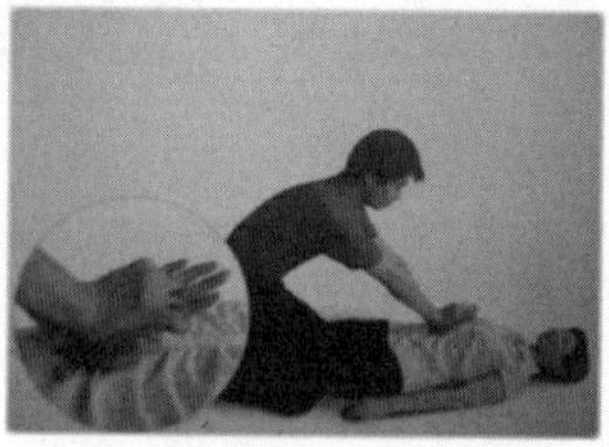

A. 举臂压胸法　　　　B. 仰卧压胸法

C. 胸外心脏按压

15. 下图所示的复苏技能两种方法同时进行,两者的次数分别为________。

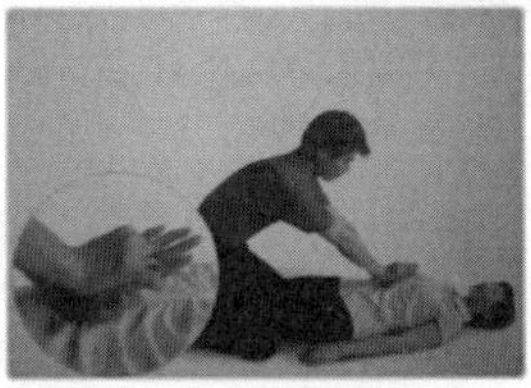

①

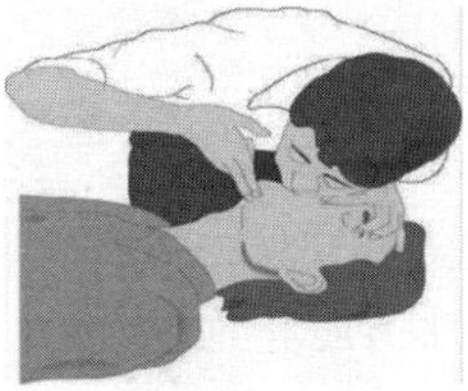

②

A. ①30 次,②2 次　　　　B. ①2 次,②30 次

C. ①10 次,②1 次

16. 心脏复苏术使用过程中,适用于溺水者的急救方法是________。

A. 仰卧压胸法　　　　B. 俯卧压背法

C. 举臂压胸法

第二节　伤员处置

1. 休克的急救是争取在 1~4 小时内改善微循环,避免重要脏器发生不可逆转的损害。

A. 对　　　　B. 错

2. 休克时只要保暖,可以不吸氧。

A. 对　　　　B. 错

3. 上肢扎止血带应禁止在上肢的什么部位?

A. 中段　　　　B. 上臂上 1/3 处

C. 上臂下 1/3 处

4. 下图所示属于指压止血法的是________。

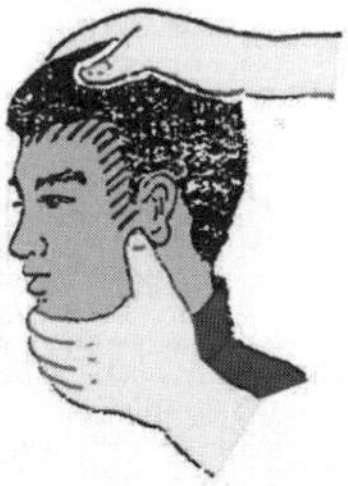

①

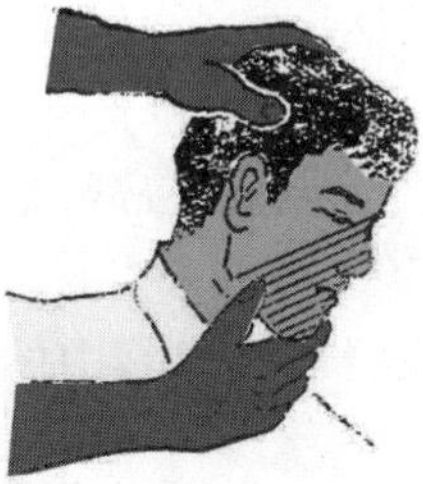

②

③

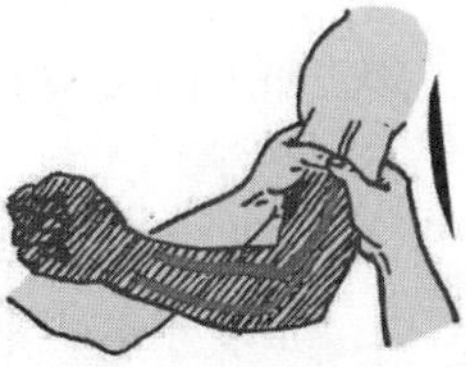

④

A. ①②③④　　　　B. ①②③

C. ②③④

5. 下图所示的指压止血法是________。

A. 股动脉指压止血法　　B. 肱动脉指压止血法

C. 尺、桡动脉指压止血法

6. 下图所示的止血法是________。

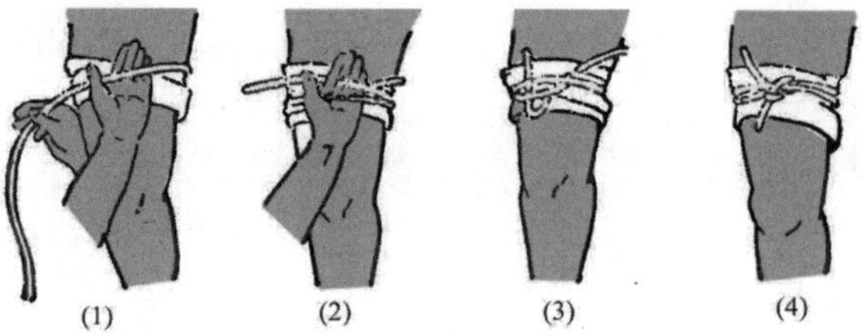

A. 指压止血法　　B. 止血带止血法

C. 加压包扎止血法

7. 指压止血法是根据全身动脉血管的分布情况,临时用手或手掌直接压迫伤口远心端的动脉干,将动脉干压迫在深部的骨面上使血管被压闭,以阻断血液的流通从而达到止血的目的。

A. 对　　B. 错

8. 昏迷急救措施中的病因治疗是针对各种不同的病因分别给予治疗。

A. 对　　B. 错

9. 对溺水者的救治顺序是________。

A. 首先要清理呼吸道,清除口腔和鼻腔内的泥沙、杂物

B. 首先将呼吸道和胃内的水倒出

C. 首先进行口对口人工呼吸和胸外心脏按压

10. 关于冻伤的治疗,下列说法错误的是________。

A. 如果已经被轻度冻伤,可以经冲洗后,涂抹冻伤膏,然后使用干燥的布包扎好

B. 如果已经出现较大的水疱,可以使用注射器吸出其中的渗出液,然后包扎

C. 如果冻伤严重,需立即切除坏死组织

11. 关于冻僵的治疗,下列说法错误的是________。

A. 迅速将患者移至暖处,搬动时要小心轻放,以避免碰撞后引起骨折

B. 脱去湿冷衣服,擦干患者身体,换上干燥的衣服,穿上保温服或者用保温用

具取暖

C. 将患者放入 50 ℃的温水中快速复温

12. 对重症中暑患者的中暑高热的治疗,下列说法正确的是________。

A. 应立即采取各种降温措施

B. 立即给予葡萄糖生理盐水静脉滴注

C. 立即给予补充清凉含盐饮料

参考答案

第一节　急救箱和复苏技能

1. C　2. A　3. B　4. B　5. C　6. A　7. A　8. B　9. B　10. A
11. A　12. A　13. A　14. C　15. A　16. B

第二节　伤员处置

1. A　2. B　3. A　4. A　5. A　6. B　7. B　8. A　9. A　10. C
11. C　12. A

第二篇

精通快速救助艇培训

第六章

快速救助艇的构造、维护、修理和属具

第一节　快速救助艇的结构和属具

1. 根据 SOLAS 公约要求，________类型船舶强制配备快速救助艇。

   A. 客船　　　　B. 客滚船

   C. 滚装船

2. 每艘快速救助艇至少应配备________根足够长度和强度的首缆，附连在脱开装置上，并设置在快速救助艇的前端。

   A. 0　　　　B. 1

   C. 2

3. 快速救助艇按推进方式进行分类的是________。

   A. 以汽油机推进的快速救助艇　　　　B. 以柴油机推进的快速救助艇

   C. 以螺旋桨推进的快速救助艇

4. 下列不是按材料分类的快速救助艇是________。

   A. 刚性快速救助艇　　　　B. 气胀式快速救助艇

   C. 刚性艇体充气式快速救助艇

5. 快速救助艇艇体采用深“V”字形设计的最终目的是________。

   A. 使处于滑行状态的艇体产生较大的升力

B. 减小艇体浸入水中的表面积，降低艇体摩擦阻力

C. 提高艇的航行速度

6. 在航行中，深“V”字形艇体不具备的性能是________。

A. 艇体发生的横摇较小 B. 在顺浪情况下显著减小了首摇

C. 具有较好的航向稳定性

7. 快速救助艇的横剖面普遍采用深“V”字形设计，横剖线呈直线或近乎直线。

A. 对 B. 错

8. 快速救助艇是指速度较快的救助艇。在船上，快速救助艇可以兼作救生艇。

A. 对 B. 错

9. 快速救助艇的快速是指________。

A. 航行速度的快速 B. 降放艇的快速

C. 整个救助过程的快速

10. 滚装客船每船至少应配有________。

A. 一艘快速救助艇 B. 两艘快速救助艇

C. 三艘快速救助艇

11. 快速救助艇按照建造材料可分为________。

A. 刚性艇、充气式艇、混合式艇 B. 刚性艇、挂机式艇、充气式艇

C. 刚性艇、气垫艇、水翼艇

12. 快速救助艇按照航行原理可分为________。

A. 刚性艇、充气式艇、混合式艇

B. 刚性艇、挂机式艇、充气式艇

C. 高速排水式快速救助艇、气垫式快速救助艇、滑行式快速救助艇

13. 快速救助艇的发动机根据所使用燃料不同，可分为________种。

A. 4 B. 3

C. 2

14. 快速救助艇按推进方式分类通常可分为螺旋桨推进和喷水推进。

A. 对 B. 错

15. 快速救助艇必须能够自行扶正。

A. 对 B. 错

16. 刚性艇体充气式快速救助艇的推进系统有舷外机和舷内机，其中舷内机可分别与哪些推进装置组合？

①Z 形传动装置；②喷水推进装置；③螺旋桨推进装置

A. ①③ B. ②③

C. ①②③

17. SOLAS 公约要求________上必须配备快速救助艇。
   A. 客船　　B. 液化气体船
   C. 滚装客船
18. 在低温环境中实施救助作业时，救助人员应穿着________。
   A. 救生服　　B. 抗暴露服
   C. 保温用具
19. 快速救助艇上必须配备一根具有足够长度和强度的首缆，另外还应配备一根长度为 30 m 的拖缆。
   A. 对　　B. 错
20. 快速救助艇上的探照灯，连续工作时间应不少于 3 h。
   A. 对　　B. 错
21. 快速救助艇额定乘员使用的保温用具应配备几件？
   A. 快速救助艇额定乘员的 10%　　B. 2 件
   C. 至少 2 件
22. 快速救助艇配备的双向甚高频无线电话设备电源能够工作几小时？
   A. 5 小时　　B. 8 小时
   C. 3 小时
23. 快速救助艇配有首缆一根，其设置在快速救助艇的________。
   A. 前端　　B. 中间
   C. 后端
24. 快速救助艇配备有一盏探照灯，其应设计为________。
   A. 固定式　　B. 手持式
   C. 固定式、手持式均可
25. 快速救助艇配有 2 个救生浮环，其浮索的长度不少于________。
   A. 15 m　　B. 20 m
   C. 30 m
26. 每艘快速救助艇至少应配备________只海锚。
   A. 0　　B. 1
   C. 2

第二节　快速救助艇的维护

1. 玻璃钢材质的快速救助艇核心结构性部位破损，应如何修补？
   A. 可从任意一侧修补　　B. 应分别从两侧进行修补

C. 应先修复芯板,然后从两侧进行修补

2. 翘起舷外机后,若发现螺旋桨附近出现大量油迹,则表明艇机底部的________可能损坏。
   A. 螺旋桨　　B. 发动机
   C. 齿轮箱油封

3. 舷外机在海水中使用完后,应用淡水冲洗________,以防止沉淀物堵塞,保持清洁。
   A. 艇机和艇体　　B. 艇机体和冷却水系统
   C. 扶正拱门和艇机体

4. 舷外机加油时,应该________,加油嘴要接触________,防止放电。
   A. 减速;金属漏斗　　B. 停车;电线
   C. 停车;金属漏斗

5. 清洁充气式快速救助艇,不要用高压水冲洗,工作场所应在________,远离________。
   A. 阳光直晒下;阴凉场所　　B. 高温烘烤下;阴凉场所
   C. 阴凉场所;阳光直晒

6. 吊艇索应是防旋转及耐腐蚀的钢丝索。
   A. 对　　B. 错

7. 检查燃油系统零件及接驳位置是否漏油,至少每________一次。
   A. 季度　　B. 半年
   C. 年

8. 快速救助艇艇体的铝质部件禁止使用以________为基料的油漆。
   A. 锌　　B. 铜
   C. 铝

9. 刚性艇体充气式快速救助艇保持浮力胎清洁可用________清洗。
   A. 高压水　　B. 含硅酮成分的清洁剂
   C. 中性肥皂水

10. 航行中,发现快速救助艇浮力胎表面有一个约 20 mm 的裂缝,应立即采取________的应急措施。
    A. 堵漏塞　　B. 堵漏夹
    C. 工具箱内其他专用修补器材

11. 充气式快速救助艇浮力胎破洞,裂缝超过________,应速到专业中心修理。
    A. 10 mm　　B. 50 mm
    C. 100 mm

12. 采取永久修补方法时,在粘补浮力胎________后,用一块________反复擦拭补丁边缘,去掉多余胶水。

A. 24 小时;有褶皱的橡胶　　B. 24 小时;抹布

C. 8 小时;有褶皱的橡胶

13. 充气式快速救助艇浮力胎如不能使其压力在________保持在规定范围内,则应进行永久修补。

A. 8 小时内　　B. 12 小时内

C. 24 小时内

14. 在修补刚性艇体充气式快速救助艇浮力胎的小洞或裂缝时,补丁应比破洞或裂缝大________。

A. 30 mm　　B. 40 mm

C. 50 mm

15. 快速救助艇浮力胎的大的破洞或裂缝修补应采用内、外双层补丁,在内补丁补好________后方可进行气密试验。

A. 6 h　　B. 12 h

C. 3 h

16. 下列器材中,________不是用来临时修补快速救助艇浮力胎的器材。

A. 堵漏毯　　B. 堵漏塞

C. 堵漏夹

17. 在使用电磨机打磨快速救助艇浮力胎的修补部位时,应控制好打磨的________,防止过度磨损浮力胎。

A. 速度　　B. 压力

C. 方向

18. 刚性艇体充气式快速救助艇浮力胎出现小的破损,应急修补使用的修理工具有________。

A. 堵漏塞　　B. 堵漏夹

C. 堵漏塞或堵漏夹

第三节　快速救助艇气室的充气和放气

1. 一般大型快速救助艇舱壁将浮力胎内部分空间分隔成________个气室。

A. 2　　B. 3

C. 5

2. 刚性艇体充气式快速救助艇,可通过________对浮力胎充气。

A. 充/排气阀　　　　B. 旁通阀
C. 充/排气阀或旁通阀

3. 当外界温度升高时,快速救助艇的浮胎压力过高,________会自动打开减压至合适程度。
A. 旁通阀　　　　B. 减压阀
C. 充/排气阀

4. 充气式快速救助艇浮力胎内的每个气室必须装备________。
A. 截止阀　　　　B. 旁通阀
C. 充气阀和排气阀

5. 为充气式快速救助艇充气的正确方法是________。
A. 按由前向后、由左向右的顺序分别向每个气室充气,使每个气室充足气
B. 按由后向前、由左向右的顺序分别向每个气室充气,使每个气室充足气
C. 按由前向后、由左向右的顺序分别向每个气室充气,使其处于半充满状态后,再从头开始依次充满每个气室

6. 充气不足的浮力胎在使用中会出现过度弯曲,使纤维织物结构分离,无法保持浮力胎的内压,降低救助艇的浮力。
A. 对　　　　B. 错

7. 充气不足会使浮力胎的磨损加快,影响快速救助艇的操作性能,但不会对艇的保向能力产生影响。
A. 对　　　　B. 错

8. 大型充气式快速救助艇一般有两个独立气室。
A. 对　　　　B. 错

9. 在粘补浮力胎时,应注意核对补丁和浮力胎的________是否一致,保证受力相同。
A. 胶水和补丁材料　　　　B. 纵、横纹路
C. 破洞直径

10. 在向浮力胎充气时,应该注意充气次序为________。
A. 由艇首向艇尾交替进行　　　　B. 由大向小交替进行
C. 由艇首向艇尾左右交替进行

11. 浮力胎的旁通阀是可调节的,它可以使各个分隔舱________,决不能当作________使用。
A. 相通或者隔开;压力释放阀　　　　B. 保持压力;调节压力
C. 压力释放阀;充气阀

参考答案

第一节　快速救助艇的结构和属具

1. B　2. B　3. C　4. B　5. C　6. A　7. A　8. B　9. C　10. A
11. A　12. C　13. C　14. A　15. B　16. C　17. C　18. B　19. B　20. A
21. C　22. B　23. A　24. B　25. C　26. B

第二节　快速救助艇的维护

1. C　2. C　3. B　4. C　5. C　6. A　7. C　8. B　9. C　10. B
11. B　12. A　13. C　14. C　15. B　16. A　17. B　18. C

第三节　快速救助艇气室的充气和放气

1. C　2. C　3. B　4. C　5. C　6. A　7. B　8. B　9. B　10. C
11. A

第七章

释放设备和设施

第一节　释放设备和释放装置

1. 液压单臂回转式吊艇架的起升限位装置的作用是________。
   A. 限制液压回转装置转动范围　　B. 防止艇起升过度撞击艇架
   C. 保护吊艇索
2. 快速救助艇降落设备的缓冲装置的主要作用是________。
   A. 保护快速救助艇　　B. 减缓吊艇索的受力
   C. 减轻对起重臂的冲击
3. 船上最常见的快速救助艇降落设备是________。
   A. 单臂回转式吊艇架　　B. 双吊索吊艇架
   C. A 字形吊艇架
4. A 字形吊艇架不但可以在________释放,也可以在________释放。
   A. 艇内;船甲板　　B. 驾驶台;船甲板
   C. 驾驶台;艇内
5. 单臂回转式降放装置能迅速降放快速救助艇,但下降速度不得超过________。
   A. 0.8 m/s　　B. 1 m/s
   C. 1.2 m/s
6. 单点悬吊式吊艇架是 IMO 专门指定的快速救助艇的降放装置。
   A. 对　　B. 错
7. A 字形吊艇架主要由吊艇架、液压绞车和艇架操作中所需各种必要的液压设备组成。
   A. 对　　B. 错
8. 单臂回转式降放装置中,当船舶失去电力时,可以操作________使起重臂转出舷外。
   A. 遥控装置　　B. 液压绞车

C. 手动泵

9. 在单臂回转式降放装置中，快速救助艇的起升及下降是通过________来控制的。

A. 臂架　　B. 绞车

C. 操纵台

10. 快速救助艇降放装置有两套操纵系统，其一控制________，其二控制________。

A. 吊艇架；吊艇索　　B. 吊艇钩；吊艇索

C. 保险装置；吊艇架

11. 快速救助艇降放装置不属于船舶救生设备。

A. 对　　B. 错

12. 快速救助艇能自动排水或能快速清除积水。

A. 对　　B. 错

13. 单吊索快速救助艇的降放/回收装置主要有________两种类型。

A. 重力式和单臂回转式　　B. 摇到式和 A 字形

C. 单臂回转式和 A 字形

14. 常见的单吊索快速救助艇的降放/回收装置主要有单臂回转式吊艇架和 A 字形吊艇架两种类型。

A. 对　　B. 错

15. 快速救助艇的降放/回收装置都是单吊索吊艇架。

A. 对　　B. 错

16. 快速救助艇单臂回转式吊艇架回转方式有________。

A. 人工旋转式　　B. 液压旋转式

C. 人工旋转式和液压旋转式

17. 快速救助艇吊艇架通常使用________。

A. 重力倒臂式吊艇架　　B. A 字形吊艇架

C. 自由降落吊艇架

第二节　释放和操作

1. 释放快速救助艇前，艇上检查准备工作包括________。

①拔下充电器插头；②确认救助艇艇钩已安全锁紧；③确认登乘梯、担架灯数据齐全；④确认救助艇上通信设备功能正常；⑤确认救助艇首缆释放装置已经打开

A. ①②③④　　B. ②③④⑤

C. ①②③④⑤

2. 释放快速救助艇前,艇甲板上检查准备工作包括________。
①确认首缆末端牢固地系于母船适当位置;②解开固艇索;③确认甲板吊艇区域和水面无障碍
A. ②③　　B. ①③
C. ①②③

第三节　设备的操作

1. 快速救助艇降落设备应以不低于________的速度吊起载有 6 名人员和全部设备的快速救助艇。
A. 0.5 m/s　　B. 0.8 m/s
C. 1.0 m/s
2. 快速救助艇降落设备的吊艇机能把载足全部乘员和设备的快速救助艇从水面以不低于________的速度升起。
A. 0.1 m/s　　B. 0.2 m/s
C. 0.3 m/s
3. 吊艇机应装设一个________,在快速救助艇准备操作的各种海况条件下,防止钢丝松弛。
A. 挠性构件　　B. 减振构件
C. 自动高速拉紧装置
4. 快速救助艇降落设备的手控制动器平时应处于________。
A. 正常状态　　B. 脱开状态
C. 制动状态
5. A 字形吊艇架的液压装置的主要作用是________。
A. 将艇架及救助艇摆出和收回
B. 调节和控制快速救助艇的降落速度
C. 缓冲波浪对快速救助艇的冲击
6. 快速救助艇的降落设备上的蓄能器的作用是________。
A. 降放快速救助艇　　B. 回收快速救助艇
C. 将起重臂转出舷外或转至存放位置
7. 快速救助艇手控制动器的布置应始终处于制动状态。
A. 对　　B. 错
8. 单臂回转式降放装置能快速地将快速救助艇吊起,起升速度达________以上。
A. 0.1 m/s　　B. 0.8 m/s
C. 5.8 m/s

9. 快速救助艇单臂回转式吊艇架结构中蓄能器的作用是________。
   A. 调节液压系统压力　　B. 缓冲吊艇索受力
   C. 在无电源情况下进行转出吊架
10. 快速救助艇的降放装置中的缓冲装置主要作用是在大风浪中________。
   A. 有效缓解吊艇索和吊艇架的受力
   B. 有效缓解吊艇索和快速救助艇所受的力
   C. 有效缓解吊艇钩所受的力
11. 快速救助艇的绞车不同于一般救生艇筏的绞车,前者应安装一个自动高速张紧装置(波浪运动补偿装置),用以预防恶劣海况时钢索松弛。
   A. 对　　B. 错
12. 为预防快速救助艇在操作时受到有涌浪海况下钢索松弛,造成快速救助艇在水面上剧烈上下垂荡,绞车应安装________。
   A. 自动高速张紧装置　　B. 手动高速张紧装置
   C. 远程遥控装置

第四节　释放和回收的准备和操作程序

1. 单臂回转式吊艇架通常有________种降放快速救助艇的方法。
   A. 2　　B. 3
   C. 4
2. 吊艇钩和首缆释放装置组合布置的快速救助艇,在________才能打开首缆释放装置。
   A. 救助艇入水之前　　B. 吊艇钩承重时
   C. 吊艇索无负荷时
3. H. Henriksen 吊艇钩是快速救助艇上常见的释放装置,其正确的操作方法是________。
   A. 在降放救助艇的过程中打开安全栓和释放手柄
   B. 在降放救助艇的过程中打开安全栓,在艇接近水面时打开释放手柄
   C. 在降放救助艇的过程中打开安全栓,在艇完全降落水面后打开释放手柄
4. 在放艇操作时,吊臂扬出舷外,应将________和________松到水面。
   A. 吊艇索;艇首缆　　B. 吊艇索;安全索
   C. 吊艇索;止荡索
5. 在回收快速救助艇时,应先________,再________。
   A. 停车;挂钩　　B. 带首缆;挂钩
   C. 挂钩;带首缆

6. 配备舷外机的快速救助艇在降放时,应在艇________起动机器。
   A. 接近水面 1 米时　　B. 接近水面 3 分钟前
   C. 入水后
7. 在放艇时,快速救助艇配有其他缆绳时,其操作顺序为________。
   A. 解脱吊钩,解尾缆,解首缆　　B. 解尾缆,解脱吊钩,解首缆
   C. 解首缆,解脱吊钩,解尾缆
8. 在降放快速救助艇时,应该先将________,再松放吊艇索将艇降到水面。
   A. 保险打开　　B. 吊臂旋出
   C. 机器起动
9. 无电源情况下,单臂回转式降放装置不能收回艇及艇架。
   A. 对　　B. 错
10. 无电源情况下,单臂回转式降放装置可用手摇泵为系统提供动力。
   A. 对　　B. 错
11. 当快速救助艇在入水时应该注意,一定要先________,后________。
   A. 摘吊钩;解缆绳　　B. 解缆绳;摘吊钩
   C. 解首缆;再起动机器
12. 回收快速救助艇时,应先系首缆。
   A. 对　　B. 错
13. 对于配备有其他缆绳的快速救助艇,其脱开吊艇钩和松开缆绳的顺序是________,最后解掉其他缆绳。
   A. 脱钩,收首缆,收尾缆　　B. 脱钩,收尾缆,收首缆
   C. 收首缆,脱钩,收尾缆
14. 使用舷内发动机的快速救助艇,应在艇________起动艇机。
   A. 着水前　　B. 着水后
   C. 脱钩后
15. 回收快速救助艇时,挂钩和系缆的程序是________。
   A. 先系首缆、尾缆,后挂吊艇钩　　B. 先挂吊艇钩,后系首缆、尾缆
   C. 先系首缆,后挂吊艇钩,再系尾缆
16. 快速救助艇回收时,艇钩挂好后,快速救助艇在运动补偿装置作用下将会减少上下运用,降低了回收快速救助艇的危险。
   A. 对　　B. 错
17. 负责降放快速救助艇人员在任何降落操作之前必须仔细考虑________。
   ①所配备设备的可靠性、类型和复杂程度;②演习期间艇员所表现的专业能力;③当时的天气状况

A. ②③　　B. ①③
C. ①②③

第五节　安全预防措施

1. 快速救助艇降放到水面后，应注意脱钩和松开缆绳的顺序，应先释放________。
A. 吊艇钩　　B. 尾缆
C. 首缆
2. 离开航行中母船时，艇员应先操________，借助母船的推力和艇的舵力使救助艇偏离大船。
A. 右舵　　B. 里舷舵
C. 外舷舵
3. 准备降放快速救助艇时，下列________不是船上人员应完成的工作。
A. 将首缆挂在首缆释放器上
B. 解开固定救助艇的稳索，确认艇上无绳索与艇架或母船连接
C. 确认甲板上吊艇区域和水面无障碍
4. 准备降放快速救助艇时，下列________不是艇上人员应完成的工作。
A. 接通艇机电源开关　　B. 确认吊艇钩已经安全锁紧
C. 取出首缆，系在甲板缆桩上
5. 为迅速离开母船救助遇险人员，操艇人员应立即采取全速满舵的方法驶离大船。
A. 对　　B. 错
6. 在回收快速救助艇作业中，艇与大船间应该注意________。
A. 保持畅通的通信联络　　B. 艇内人员要向船上报告
C. 艇内人员要互相提醒
7. 在回收快速救助艇作业中，当艇吊离水面时，应注意检查________。
A. 吊艇钩是否牢固，艇内用品是否齐全
B. 吊艇钩保险锁是否锁紧，艇内吊环是否牢固
C. 吊艇钩保险销是否锁紧，艇面是否平衡
8. 在降放快速救助艇时，下列由艇上人员检查和准备的工作是________。
A. 拔下充电器插头，接通电源开关　　B. 首缆系于母船，检查水面障碍物
C. 解开固定救助艇的稳索
9. 在降放快速救助艇时，艇内至少应有________名救助艇员。
A. 1　　B. 2
C. 3

10. 正常进行快速救助艇演习时，为了确保安全，第一次释放应将艇移出舷外下降一段距离后收回，然后再根据情况安排人员上艇。

A. 对　　B. 错

11. 降放快速救助艇时，吊艇钩和首缆的释放顺序是________。

A. 同时释放　　B. 先释放吊艇钩，后释放首缆

C. 先释放首缆，后释放吊艇钩

12. 收快速救助艇时，挂吊艇钩和系首缆的顺序是________。

A. 同时操作　　B. 先系首缆，后挂吊艇钩

C. 先挂吊艇钩，后系首缆

13. 如果条件允许，应调整船舶航向，使降放快速救助艇的一侧处于________海面。

A. 下风侧　　B. 上风侧

C. 顶风侧

第六节　释放和回收快速救助艇的方法

1. 在恶劣天气情况下，降放及回收快速救助艇时，应使用________。

A. 回收索　　B. 悬挂索

C. 波浪补偿装置

2. 在风、流较大情况下，快速救助艇脱钩后，不易驶离船舷时，________。

A. 直接大舵角加车离开

B. 可利用首缆，先倒车离开船舷，再进车大舵角慢慢驶离

C. 可利用首缆，先倒车离开船舷，再进车小舵角慢慢驶离

3. 对于 A 字形吊艇架而言，在正常情况下应利用________降放快速救助艇。

A. 承载方式　　B. 船舶动力源

C. 蓄能器

4. 利用 A 字形吊艇架降放快速救助艇时，操作人员通过操控________，将救助艇吊离托架，使救助艇的顶端进入防摇装置。

A. “泵站起动”按钮　　B. 油缸倒入/倒出手柄

C. 绞车起升/下降手柄

5. 操作人员通过操控绞车专用手柄，将救助艇吊离托架，使救助艇的顶端进入________。

A. 防摇装置　　B. 缓冲装置

C. 恒张力装置

6. 使用________降放快速救助艇仅限在失电状态下做一次臂架的倒出和救助艇

的降放,不具备回收功能。

A. 船电　　B. 压缩空气

C. 蓄能器

7. 使用舷内发动机的快速救助艇,应在空中起动艇机,但离水运转时间不得超过________。

A. 1 min　　B. 5 min

C. 10 min

8. 快速救助艇入水后,先解掉首缆,再解脱吊艇钩。

A. 对　　B. 错

9. 快速救助艇的波浪补偿装置在________级海况才允许使用。

A. 4　　B. 3

C. 2

10. 吊放快速救助艇时,根据海面状况,决定是否需要启用波浪补偿装置。________及以上海况才允许使用。

A. 3 级　　B. 4 级

C. 5 级

11. 按下"波浪补偿起动"按钮,操作绞车手柄会自动移到________侧最大位置,波浪补偿功能被激活。

A. 释放　　B. 锁紧

C. 起升

12. 波浪补偿功能被激活后,救助艇下落到水面,并随海浪自由运动,但吊艇索始终处于________状态。

A. 张紧　　B. 松弛

C. 时紧时松

13. 按规定,船舶在纵倾 10°并向任何一舷倾斜 20°,快速救助艇也能安全降落。

A. 对　　B. 错

14. 在恶劣天气情况下回收快速救助艇时,应使用________。

A. 回收索环　　B. 波浪补偿装置

C. 恒张力装置

15. 在恶劣天气情况下回收快速救助艇时,起吊前一定要确认脱钩装置处于________位置。

A. 开启　　B. 锁紧

C. 任意

参考答案

第一节　释放设备和释放装置

1. B　2. C　3. C　4. A　5. B　6. A　7. A　8. C　9. B　10. A
11. B　12. A　13. C　14. A　15. B　16. C　17. B

第二节　释放和操作

1. A　2. C

第三节　设备的操作

1. B　2. C　3. C　4. C　5. A　6. C　7. B　8. B　9. C　10. A
11. A　12. A

第四节　释放和回收的准备和操作程序

1. B　2. C　3. B　4. A　5. B　6. C　7. A　8. B　9. B　10. A
11. A　12. A　13. B　14. A　15. A　16. A　17. C

第五节　安全预防措施

1. A　2. C　3. A　4. C　5. B　6. A　7. C　8. A　9. C　10. A
11. B　12. B　13. A

第六节　释放和回收快速救助艇的方法

1. C　2. C　3. B　4. C　5. A　6. C　7. B　8. B　9. A　10. B
11. C　12. A　13. A　14. A　15. B

第八章

快速救助艇释放后的管理

第一节　快速救助艇的特性、设施及其局限性

1. 快速救助艇航行时分为三个阶段的航行状态是________。

   A. 排水状态、过渡状态、滑行状态　　B. 排水状态、滑行状态、高速状态

   C. 滑行状态、过渡状态、高速状态

2. 快速救助艇在滑行状态时________。

   A. 艇首随着速度增大抬起，继续增大　　B. 艇首随着速度增大抬起，趋于减小

   C. 艇首随着速度增大，大幅度下沉

3. 充气式快速救助艇的构造，应能使其经受暴露与环境________。

   A. 在海上存放在船舶封闭空间内　　B. 在一切海况下漂浮 30 天

   C. 在恶劣海况下漂浮 10 天

4. 快速救助艇的横剖面结构呈“V”字形，增强了抵抗风浪中拍击的能力。

   A. 对　　B. 错

5. 为减少快速救助艇的航行阻力，迅速提高艇速进入稳定滑行状态，应合理调整艇的________。

   A. 横倾角　　B. 纵倾角

   C. 左右倾角

6. 设计成 V 字形艇底的快速救助艇由静止状态逐渐加速时，纵倾角首先________。

   A. 增大　　B. 减小

   C. 不变

7. 快速救助艇配备右旋螺旋桨时，当船舶低速前进时，艇首向________旋转比向________旋转更容易。

   A. 左；右　　B. 右；左

   C. 前；后

8. 快速救助艇配有一具艇用罗经,该罗经罗盘直径应该________。

A. 不小于 30 mm　　B. 不小于 40 mm

C. 不小于 50 mm

9. 快速救助艇所配备的 VHF 双向无线电话装置必须是________。

A. 可携型、水密的无线电话　　B. 固定、免提型水密的无线电话

C. 微型、水密的无线电话

10. 刚性快速救助艇艇壳和内板均用防火材料制成。

A. 对　　B. 错

11. 快速救助艇的积水必须________。

A. 依靠推进动力带动排除

B. 可以自行排水或具备清除积水的能力

C. 依靠手摇泵清除积水

12. 在操作舷外机时,一端系在舷外机上,另一端扣在驾驶员身上的绳索是________。

A. 安全索　　B. 应急熄火绳

C. 起动拉绳夹

13. 快速救助艇的连续航行时间应不少于________。

A. 4 h　　B. 8 h

C. 12 h

14. 在平静水域中,快速救助艇在满载情况下航速应不小于________。

A. 4 kn　　B. 6 kn

C. 8 kn

15. 快速救助艇要求在静水中,载 3 人时,速度应该________。

A. 不小于 8 节　　B. 不小于 16 节

C. 不小于 20 节

16. 快速救助艇艇长应该________。

A. 不小于 3.8 m、不大于 8.5 m　　B. 不小于 7.5 m、不大于 8.5 m

C. 不小于 6 m、不大于 8.5 m

17. 快速救助艇应能在平静水中载足全部成员及属具的情况下,以至少________节的速度航行不少于 4 小时。

A. 6　　B. 8

C. 20

18. 快速救助艇应能在平静水中载有 3 名成员的情况下,以至少________节的速度航行。

A. 6　　B. 8

C. 20

第二节　扶正倾覆的快速救助艇

1. 高速航行中的快速救助艇________，容易使艇出现较大横倾角而倾覆。

A. 突然停车　　B. 突然大幅度转向

C. 遭遇激浪

2. ________的救助艇失去动力或动力不足，当遇到巨大的开花浪时极易将艇向后推动时，一旦进入浪谷会出现艇首围绕艇首柱转动而造成倾覆。

A. 顶浪航行　　B. 横浪航行

C. 偏顺浪航行

3. 刚性艇体充气式快速救助艇在________遭遇开花浪时更容易造成倾覆。

A. 艇首方向　　B. 正横方向

C. 艇尾方向

4. 拖带作业有时会造成救助艇倾覆，采取________方法可以减小倾覆的危险。

A. 保持拖缆沿艇首尾方向呈 45 度角

B. 保持拖缆沿艇首尾方向呈 90 度角

C. 保持拖缆沿艇首尾方向成一条直线

5. 船舶倾斜对降放快速救助艇产生影响，而横倾时的影响比纵倾时大。

A. 对　　B. 错

6. 艇的倾覆是指艇处于非正常漂浮状态，人员________和________。

A. 无法正常乘坐；无法完成艇的各项操作

B. 被抛出艇外；机器损伤

C. 无法正常乘坐；艇体损伤

7. 如快速救助艇发生倾覆，发动机停止方式有________。

①发动机应自动停止；②通过操舵机应急释放开关将发动机关闭

A. ①　　B. ②

C. ①②

8. 刚性艇体充气式快速救助艇通常采用________，该装置被设计成________充气形式。

A. 刚性扶正装置；完全自动　　B. 充气式扶正装置；手动

C. 气胀式扶正装置；手动触发

9. 起动气胀式扶正系统前，艇员必须离艇，位于艇的________。起动充气装置后约________,救助艇就会被扶正。

A. 下风舷;30 s　　B. 艇尾附近;10 s

C. 上风舷;20 s

10. 对于非自行扶正快速救助艇,应能在不超过________的情况下将其扶正。

A. 1 人　　B. 2 人

C. 3 人

11. 快速救助艇扶正后,应及时将艇内海水排出。

A. 对　　B. 错

12. 快速救助艇倾覆时,艇机能够________,扶正后________,并能持续运转________。

A. 自动停止或紧急开关停车;容易起动;30 分钟

B. 自动停车;自动起动;10 分钟

C. 使用紧急开关停车;松开开关起动;30 分钟

13. 快速救助艇倾覆时,燃油和润滑油从推进系统流失不能超过________。

A. 200 mL　　B. 230 mL

C. 250 mL

14. 扶正倾覆的快速救助艇时,扶正人员应双手抓下风舷的舷外救生索。

A. 对　　B. 错

15. 快速救助艇的扶正操作必须不少于 3 人。

A. 对　　B. 错

16. 快速救助艇高速航行时,驾驶员应一手________,另一手放在________。

A. 握住舵轮;发动机操纵手柄上　　B. 握住舵轮;操纵器上

C. 放在减速器上;操纵器上

17. 所有快速救助艇均具有自动扶正功能。

A. 对　　B. 错

18. 快速救助艇的自动扶正装置位于艇首。

A. 对　　B. 错

19. 在起动快速救助艇气胀式扶正装置前所有人员必须________救助艇,位于救助艇的________方向。

A. 离开;上风　　B. 抓住;下风

C. 离开;下风

20. 快速救助艇的自行扶正装置,通常有刚性扶正装置和________装置两种。

A. 非刚性扶正　　B. 刚性充气混合扶正

C. 气胀式扶正

21. 快速救助艇扶正装置有________。
    A. 刚性扶正装置　　B. 气胀式扶正装置
    C. 刚性扶正装置和气胀式扶正装置
22. 可以使快速救助艇自行扶正的装置是________。
    A. 刚性扶正装置　　B. 气胀式扶正装置
    C. 刚性扶正装置和气胀式扶正装置
23. 快速救助艇在水中倾覆后,应能在不超过________人的情况下将其扶正。
    A. 2　　B. 4
    C. 6
24. 快速救助艇气胀式扶正装置采用________。
    A. 船舶倾覆后自动起动　　B. 手动触发起动
    C. 遥控起动
25. 在起动气胀式扶正装置前,所有艇员应集结于艇的________方向。
    A. 上风　　B. 下风
    C. 艇首

第三节　快速救助艇的操纵方法

1. 对于装设舷外机快速救助艇而言,调整推进角的一般原则是________。
   A. 向下方调整艇机,艇首波将更接近艇首
   B. 越向上调整艇机,艇体和水的接触面积越大
   C. 向下方调整艇机,艇首波将更接近艇尾
2. 由静态进入过渡状态的快速救助艇,其航行状态的变化为________。
   A. 艇体有少量平行下沉,稍有首倾　　B. 艇速持续增加,艇体首倾加大
   C. 航速增加,艇体尾倾逐渐加大
3. 快速救助艇加速过快会导致艇尾下沉,艇首过度抬高而阻挡前方视线,并产生螺旋桨空泡现象。
   A. 对　　B. 错
4. 在平静的水面高速航行的快速救助艇,大幅度________也会造成倾覆。
   A. 变速　　B. 转向
   C. 纵倾
5. 当快速救助艇驶离大船时,先操作________,注意艇机不要碰撞大船。
   A. 内舷舵　　B. 正舵
   C. 外舷舵

6. 操纵快速救助艇向前直行时,加速过快会导致救助艇________下沉。
   A. 艇首　　B. 艇尾
   C. 艇首、艇尾
7. 操纵快速救助艇,驾驶员应注意罗经航向,当发觉偏航或有偏航趋势时,应用________调整。
   A. 小舵角　　B. 大舵角
   C. 满舵
8. 操纵快速救助艇离开泊位时,最好采取________离泊。
   A. 进车　　B. 倒车
   C. 停车
9. 快速救助艇靠泊时最好采取________靠码头,慢速进车以15°~20°的角度对准码头。
   A. 左舷　　B. 右舷
   C. 艇首
10. 为安全起见,操纵快速救助艇时,应始终坚持________原则。
    A. 先用舵、后用车　　B. 先用车、后用舵
    C. 车、舵同时使用
11. 快速救助艇拖带装置应永久地安装在救助艇上,一般包括两个位于自扶正拱形门下面的单十字拖缆桩上和一根长度不少于________米的有足够强度的拖缆。
    A. 30　　B. 50
    C. 100
12. 拖带装置应永久地安装在救助艇上,其强度应足够集结或拖船舶所配备的载足全部乘员及属具或相当重量的最大救生筏,拖带航速不低于________。
    A. 2节　　B. 3节
    C. 5节
13. ________会导致艇降速,艇首上浪,艇底受到砰击。
    A. 首摇　　B. 横摇
    C. 纵摇
14. 在风浪中操作快速救助艇时,频繁在________之间突然大幅度地变换,是非常危险的操作方法,可能造成艇机故障。
    A. 左满舵和右满舵　　B. 左舵和正舵
    C. 进车和倒车
15. 快速救助艇在大风浪中航行,________越高,艇受到波浪的冲击力________,

艇遭受损坏的程度________。

A. 艇速;越大;越严重　　B. 艇速;越小;越轻

C. 风速;越小;越轻

16. 为了缓解快速救助艇横摇和纵摇,应及时改变艇的________。

A. 航速　　B. 航向

C. 航向或/和航速

17. 大风浪中航行应适当________艇速,以保证艇上人员安全。

A. 增加　　B. 降低

C. 正常保持不变

18. 造成快速救助艇发生倾覆的原因包括________。

①迎着强风航行,操纵不当使艇向后倾覆;②在正横方向遭遇开花浪或艇首迎浪时失去动力;③在拖带过程中操作不当

A. ①③　　B. ①②

C. ①②③

19. 舷外机液压微调装置可以________,以适应水面环境改变。

A. 改善艇速　　B. 驾驶状况

C. 改善艇速和驾驶状况

第四节　助航仪器和安全设备

1. 快速救助艇上的所有人员必须戴________。

A. 应急熄火绳　　B. 眼镜

C. 安全头盔

2. 在低温环境中执行救助任务时,救助人员最好穿着________。

A. 纯棉内衣　　B. 针织品内衣

C. 聚丙烯内衣

3. 使用船用甚高频无线电话发送与遇险无关的信息时,下列做法错误的是________。

A. 使用遇险呼叫频道(16 频道)呼叫

B. 与对方在遇险呼叫频道(16 频道)建立联系后,尽快在该频道以简明扼要的语言完成通信,避免影响其他电台通信

C. 为准确表达自己的意图,重要的内容应重复

4. 船用 GPS 接收机上的“MOB”键的主要作用是________。

A. 搜寻救生艇筏上的遇险人员　　B. 储存落水人员的位置

C. 搜索遇难船舶

5. 快速救助艇上应有一具涂有发光剂或适当照明装置的磁罗经。

A. 对　　　B. 错

6. 快速救助艇上必须有一部固定安装在艇上防水型双向甚高频无线电话。

A. 对　　　B. 错

7. 使用船用无线电话时应注意________。

①不发送无关紧要的信号,发送信号之前首先收听信号,避免干扰其他电台;②通信内容应简明扼要,清楚无误;③进行求救呼叫时,最重要的是说明自己的位置、漂浮的时间、船舶的类型以及涉及的人数,为了准确表达自己的意图,重要的内容应重复

A. ①②③　　　B. ②③

C. ①②

8. 下列说法错误的是________。

A. 抗暴露服应存放在易于取用的地点,通常存放在驾驶台和机舱集控室

B. 抗暴露服通常存放在船舶救生站和船员住舱内

C. 抗暴露服存放位置应有明显标志

9. 穿抗暴露服之前应穿着适当保暖衣服,并要脱下鞋子。

A. 对　　　B. 错

10. 快速救助艇艇上配备的通信设备是________。

A. 卫星船站　　　B. 手持 VHF 通信设备

C. 固定 VHF 通信设备

第五节　搜救方式及影响因素

1. ________是指搜救单位从海平面以上瞭望者的眼高看到某一目标的距离。

A. 瞭望距离　　　B. 可视距离

C. 搜寻能见度

2. 由于________的反复拉动作用总体上使目标停留在原地,从而减小对海上目标移动的影响。

A. 潮涨潮落　　　B. 海流

C. 风生流

3. 在所有影响目标的漂移因素中,________不是主要影响搜救的环境因素。

A. 风压　　　B. 潮流

C. 海流

4. 风生流是指海水因受气象因素和热盐效应的作用在较长时间内大体上沿一定路径的大规模流动。

A. 对　　B. 错

5. 在海上环境中,从事搜索与搜救作业成功与否的关键人物是________。

A. 艇长　　B. 大副

C. 船长

6. 由于风作用目标的水上部分而导致目标对水的相对运动称之为________,是影响海上搜救的环境因素之一。

A. 风压　　B. 风速

C. 风流

7. 在海上搜救中,下列________是影响目标漂移的主要环境因素。

A. 风压、风生流、海流　　B. 风压、风生流、湖流

C. 风压、风生流、潮流

8. 当准确知道搜寻目标的最后已知位置并且搜寻范围较小时,采用________方式,搜救效果最佳。

A. 扇形搜寻　　B. 平行线搜寻

C. 横移线搜寻

9. 搜寻能见度受当时海上气象能见度的制约并且永远小于当时的气象能见度。

A. 对　　B. 错

10. 在海上搜救中,当准确知道搜寻目标的位置且搜寻范围较小时,应采用________搜寻方式,搜寻效果最佳。

A. 扇形　　B. 平行线

C. 横移线

11. 在海上搜救中,当遇险人员位置不确定,需要大范围搜寻时,应采用________搜寻方式。

A. 扇形　　B. 平行线

C. 横移线

12. 在不利海况和昏暗的视觉条件下搜寻,会使搜寻人员很快出现视觉疲劳,为减轻疲劳对人的影响,条件许可时应每隔________轮换一次搜寻人员。

A. 0.5 小时　　B. 1 小时

C. 1.5 小时

13. 快速救助艇实施搜救行动时,艇长履行航行安全________等职责。

A. 操作救助艇和通信　　B. 搜寻瞭望和通信

C. 搜寻瞭望和操作救助艇

14. 在搜寻时,最好在基点处投下一个筏等漂浮物,以便于________。
A. 作搜寻联络站　　B. 作搜寻人员供给站
C. 观察漂浮速度

15. 如无法确定遇险船舶的准确位置或者基线,可以依据________确定基准区域。
①作业人员的意图;②船艇最大航程;③风流对风流目标的影响
A. ②③　　B. ①③
C. ①②③

16. 快速救助艇通常采用的搜寻模式有________。
①扇形搜寻;②平行线搜寻;③横移线搜寻;④扩展方形搜寻
A. ①③④　　B. ①②④
C. ①②③④

17. 当准确知道搜寻目标的位置并且搜寻范围较小时,宜采用________方式,搜救效果最佳。
A. 扇形搜寻　　B. 平行线搜寻
C. 扩展方形搜寻

18. 当遇险人员位置不确定,需要大范围搜寻时,宜采用________方式,这种搜寻方式可用于一艘或几艘救助艇联合进行。
A. 扇形搜寻　　B. 平行线搜寻
C. 扩展方形搜寻

19. 当基点位置相对准确,船舶遇险时间不长,搜救单元赶赴现场的时间较短,可以考虑采用________方式搜救。
A. 扇形搜寻　　B. 平行线搜寻
C. 扩展方形搜寻

20. 扇形搜寻时,快速救助艇待经过基点航行至 $2S$ 处时,应右转________航行 S。
A. 60°　　B. 90°
C. 120°

21. 扩展方形搜寻,快速救助艇由基点出发,沿着搜寻目标漂流方向搜寻到一定距离 S 后,右转 90°向前航行 S 后,再右转________。
A. 60°　　B. 90°
C. 120°

22. 正常情况下,救援船舶应从________风舷接近遇险船舶,利用本船船体遮挡,救援人员放________风舷的救助艇进行救助。
A. 上;上　　B. 上;下
C. 下;下

23. 操纵快速救助艇进行救助时，在距遇险人员________倍艇长时，应及时降低艇速以能够维持舵效即可。
A. 2　　B. 3
C. 4
24. 下列哪项不是救起水中人员的一般原则？
A. 优先救助那些没有漂浮工具的人员
B. 优先救助那些没有低温保护装备的人员
C. 优先选择直接救助方式
25. 对怀疑为患上低体温症的遇险人员，救起行动必须________，尽量使遇险人员保持________，以减少遇险人员血压快速下降的危险。
A. 缓慢柔和；垂直体位　　B. 快速；垂直体位
C. 缓慢柔和；水平体位
26. 快速救助艇驶往遇险区域救助落水人员时，艇员应做好担架、医务准备。
A. 对　　B. 错
27. 救起水中人员一般原则包括________。
①优先救助没有漂浮工具或保温用具的人员；②询问已救助的人员是否还有其他人员失散及可能漂移的方向；③只要将看到人员救起即可结束救援
A. ①②　　B. ①③
C. ①②③
28. 在直升机运送人员中，最常见的吊升工具是________。
A. 救助担架　　B. 救助吊座
C. 救助吊带
29. 在救助中，病人离艇，转移至直升机，必须用________，它可以________，以便安全吊升。
A. 专用担架；迅速安全地摘挂钩　　B. 医疗担架；捆绑牢固
C. 医疗担架；减轻病人痛苦
30. 在下列直升机使用的吊具中，不适用转移伤病员的是________。
①救助吊篮；②救助吊网；③救助吊带
A. ①　　B. ②
C. ③
31. 直升机从航行中的船舶甲板上吊升遇险人员时，船舶必须迎风转向，使风的来向在船首约呈________角的方向吹来。
A. 30°　　B. 45°
C. 60°

32. 直升机从快速救助艇吊升遇险人员时,快速救助艇艇长应操纵救助艇从直升机的________方向接近。
A. 正横　　B. 前方
C. 后方
33. 艇体________经常是对水中人员施救的比较理想位置。几乎在各种场合,选择在________位置救起水中遇险人员都是最切实可行的。
A. 首舷;艇首　　B. 尾舷;艇中
C. 平直的部位;艇中
34. 采用非直接式救助落水人员,应抛出救生环(或绳索),将水中人员拉至距艇________左右时,________,协助人员登艇。
A. 1.5 m;艇速降至最低　　B. 8 m;艇速降至最低
C. 10 m;停车
35. 对于喷水式推进的快速救助艇,在采取直接救助方式时,艇员抓到水中人员时应立即________。
A. 减速,操满舵　　B. 降低艇机转速
C. 保持舵效,进车
36. 艇上人员以手势和直升机驾驶员进行沟通时,表示“肯定或已准备好”的手势是________。
A. 手臂上下移动　　B. 手臂左右挥动
C. 手臂水平伸平,手指紧握,拇指向下
37. 利用甚高频无线电话通信时,为了准确表达自己的意图,重要的内容应重复。
A. 对　　B. 错
38. 在搜寻和救助工作中,船舶间通信联系使用 VHF 频道和工作频率分别为________。
A. CH6、156.3 MHz　　B. CH16、156.8 MHz
C. CH75、156.75 MHz
39. 拖带前,艇长必须针对当时的具体情况向每位艇员详细讲解准备实施的步骤,包括________。
①接近的方式;②何时及由何舷传递拖缆;③如何传递拖缆;④初始阶段送出几根缆绳;⑤特殊的安全注意事项
A. ①③⑤　　B. ①②④⑤
C. ①②③④⑤
40. 快速救助艇所配备的双向无线电话 VHF 装置必须是________。
A. 可携型、水密的无线电话　　B. 固定、免提型水密的无线电话
C. 微型、水密的无线电话

41. 升旗是一种发送应急信号的快捷方式,但只能白天使用。以下是________最为常见的信号。

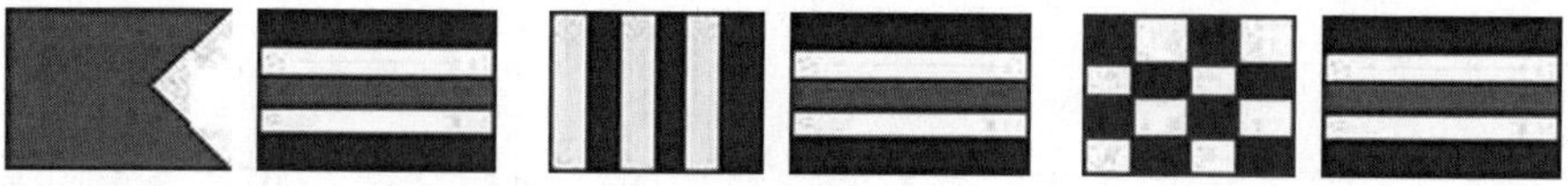

①　　②　　③

A. ①　　B. ②

C. ③

42. 当充气式救助艇浮力胎出现小的穿孔现象时,最好立即在水中使用________进行应急修补。

A. 堵漏夹　　B. 堵漏塞

C. 堵漏毯

43. 在使用救助网救助水中遇险人员时,必须保持遇险人员的头部朝向________。

A. 艇首　　B. 艇尾

C. 艇中部

44. 抗暴露服面料分为三层,其中中间层是________。

A. 着色保护层　　B. 强度骨架层

C. 防水和保温层

45. 抗暴露服应穿着方便,不需别人帮助________内可以穿好。

A. 2 min　　B. 3 min

C. 5 min

46. 快速救助艇配备的磁罗经安装时,磁罗经盘面基线应与艇的首尾线________。

A. 平行　　B. 垂直

C. 任意方向

47. 在使用救助吊带救助时,使用人员必须________吊钩。

A. 背对　　B. 面对

C. 侧对

48. 直升机运送人员最常见的工具是________。

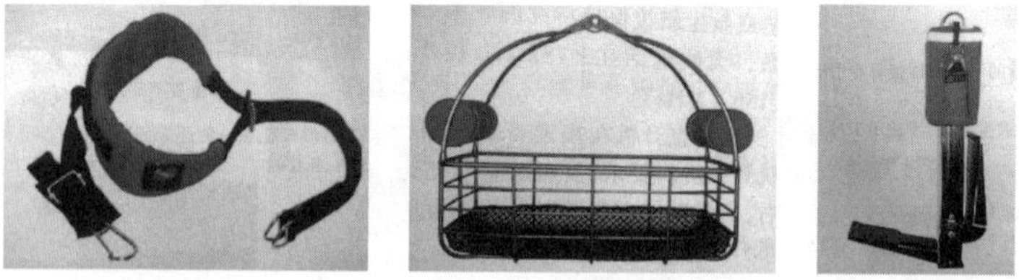

①　　②　　③

A. ①　　B. ②

C. ③

49. 以下是遇险旗号的有________。
①国际信号旗 N/C;②一面方旗放在一个球体上方或下方
A. ①　　B. ②
C. ①②

50. 以下是遇险手势信号的有________。
①手臂外伸缓慢上下摆动;②垂直举起桨作为信号;③向上举起救生衣
A. ①③　　B. ①②
C. ①②③

51. 快速救助艇上通常可以使用________设备进行救助水中人员。
①杰森吊篮;②救助网;③登艇梯;④利用舷外机
A. ①②④　　B. ①②③
C. ①②③④

52. 干式服既可以使穿着者在寒冷环境中保持________,又可使穿着者具________。
A. 活动能力;身体表面干爽　　B. 身体表面干爽;活动能力
C. 温暖;漂浮能力

53. 连体式抗暴露服会影响穿着者的________能力,特别是当穿着不合身的抗暴露服的时候。
A. 游泳　　B. 活动
C. 游泳和活动

54. 穿着抗暴露服的救助人员,一般均采用________拖带法救助水中遇险人员。
A. 握手　　B. 拖腋
C. 夹胸

55. 穿着抗暴露服在水中快速接近目标时,救助人员最好采用________泳姿。
A. 仰泳　　B. 蛙泳
C. 立泳

56. 救助人员必须将抗暴露服和救生衣一起穿着使用。
A. 对　　B. 错

57. 干式服既可以使穿着者在寒冷环境中保持身体表面干爽,又可使穿着者具有一定活动能力。
A. 对　　B. 错

58. 抗暴露服的拉链部位用________涂抹,保持拉链拉舌移动时轻便灵活。
A. 润滑油　　B. 滑石粉
C. 蜡或无酸、碱性油脂

59. 抗暴露服使用后,应用淡水冲洗干净,挂于阴凉、干燥地方,避免高温或紫外线辐射。
    A. 对　　B. 错
60. 干式服存放时,应将拉链完全拉开,折叠时使拉链朝外,存放在防护袋中。
    A. 对　　B. 错

参考答案

第一节　快速救助艇的特性、设施及其局限性

1. A　2. B　3. B　4. A　5. B　6. A　7. A　8. C　9. B　10. A
11. B　12. B　13. A　14. C　15. C　16. C　17. B　18. C

第二节　扶正倾覆的快速救助艇

1. B　2. A　3. B　4. C　5. A　6. A　7. C　8. C　9. A　10. B
11. A　12. A　13. C　14. B　15. B　16. A　17. B　18. B　19. C　20. C
21. C　22. A　23. A　24. B　25. B

第三节　快速救助艇的操纵方法

1. A　2. C　3. A　4. B　5. C　6. B　7. A　8. B　9. A　10. A
11. B　12. A　13. C　14. C　15. A　16. C　17. B　18. C　19. C

第四节　助航仪器和安全设备

1. C　2. C　3. B　4. B　5. A　6. A　7. A　8. A　9. B　10. C

第五节　搜救方式及影响因素

1. C　2. A　3. B　4. B　5. C　6. A　7. A　8. A　9. A　10. A
11. B　12. A　13. A　14. C　15. C　16. C　17. A　18. B　19. C　20. C
21. B　22. B　23. A　24. C　25. C　26. A　27. A　28. C　29. A　30. C
31. A　32. C　33. C　34. A　35. B　36. A　37. A　38. B　39. C　40. B
41. C　42. B　43. A　44. C　45. A　46. A　47. B　48. A　49. C　50. C
51. C　52. B　53. C　54. C　55. B　56. B　57. A　58. C　59. A　60. A

第九章
操作快速救助艇的机器

1. 喷水推进与螺旋桨推进这一传统的推进方式相比具有________优势。
   A. 结构简单,造价较低
   B. 艇在低速航行时,喷水推进的效率比螺旋桨推进要高一些
   C. 工作平稳、噪声低
2. 通过调整________装置来实现喷水式快速救助艇的变向操作。
   A. 平板舵　　B. 导管舵
   C. 喷口
3. 舷外机主要包括汽油机或柴油机、轴室、齿轮箱和螺旋桨等部分。
   A. 对　　B. 错
4. 大型快速救助艇普遍采用二冲程的舷外机作为推进装置,其具有体积小、重量轻、结构简单、操作灵活方便的特点。
   A. 对　　B. 错
5. 快速救助艇广泛采用________作为动力推进装置。
   A. 内燃机　　B. 外燃机
   C. 冷燃机
6. 快速救助艇往复式内燃机的工作腔称作________。
   A. 活塞　　B. 连杆
   C. 气缸
7. 如快速救助艇的艇机采用四冲程柴油机,则其工作循环的第三过程为________行程。
   A. 进气　　B. 做功
   C. 压缩
8. 舷外机一般使用二冲程汽油发动机,该机器使用________进行润滑。
   A. 将润滑机油和汽油混合后一起进入机器
   B. 使用单独的机油循环系统
   C. 不需要润滑机油
9. 在起动舷外机时,应向上转动遥控盒上的________,在发动机起动之后,再将其

返回至原始位置。

A. 操纵手柄　　B. 空挡节流杆

C. 空挡释放钮

10. 快速救助艇发动机起动以后,应立即检查________。

A. 燃油是否充足

B. 螺旋桨或艇机周围是否有绳索、鱼线或塑料袋等杂物

C. 是否有冷却水排出

11. 通常主机转速在________时,喷水式快速救助艇可以获得最佳操纵性能。

A. 500 r/min　　B. 1500 r/min

C. 2500 r/min

12. 起动舷外机时,应将主开关或起动钥匙转到“起动”位置,时间通常不要超过________。

A. 5 s　　B. 10 s

C. 15 s

13. 起动快速救助艇柴油发动机时,将起动按钮转至“起动”位置,时间一般不要超过________秒。

A. 10　　B. 15

C. 30

14. 快速救助艇发动机在运行时,一定要注意起动钥匙的位置不应该放在________。

A. “起动”前的位置　　B. “停车”位置

C. “起动”位置

15. 喷水推进系统,当需要向后移动时,需要同时将节流手柄和换向手柄向后拉。

A. 对　　B. 错

16. 为了便于在艇上活动,可以将应急熄火绳索扣在艇的固定位置,只要不妨碍艇上人员工作即可。

A. 对　　B. 错

17. 快速救助艇应有两套电源系统,起动时________。

A. 只能使用其中一套　　B. 必须联合使用两套

C. 可使用任意一套或联合使用两套

18. 快速救助艇发动机起动后,应立即检查________。

A. 燃油是否够用　　B. 电池是否充电

C. 是否有冷却水从排水孔排出

19. 舷外发动机起动时,应将空挡节流杆放置在________位置。

A. 最小(原始)　　B. 中间
C. 最大

20. 一般舷外机是依靠海水冷却的,因此当舷外机离开水面时,________。
A. 起动不能超过 2 分钟　　B. 起动不能超过 5 分钟
C. 不得起动

21. 汽油发动机起动特别在温度较低时,为了更容易起动,可以将阻风门暂时________,等起动热机后再________。
A. 关闭;打开　　B. 打开;关闭
C. 加热;取消加热

22. 快速救助艇发动机冒黑烟的原因不应该是________。
A. 发动机烧机油　　B. 燃油燃烧不充分
C. 燃油分配不规则造成燃油过多

23. 快速救助艇发动机不能起动的原因不可能是________。
A. 没有冷却水　　B. 燃油管路连接不当或损坏
C. 燃油箱透气孔关闭

24. 快速救助艇发动机不能起动,通常应首先检查________。
A. 应急熄火绳开关是否在运行位置　　B. 汽油质量是否存在问题
C. 点火系统是否有问题

25. 快速救助艇发动机冒蓝烟通常是润滑油燃烧或涡轮增压器油封损坏所致。
A. 对　　B. 错

26. 快速救助艇在行驶中,发现发动机温度过高,应首先检查海底阀是否关闭或进水口是否堵塞。
A. 对　　B. 错

27. 快速救助艇舷外发动机不能起动的原因之一是________。
A. 点火开关有问题　　B. 舷外机装配调节不当
C. 火花塞过脏或损坏

28. 造成快速救助艇发动机过热的原因之一是________。
A. 滑油太多　　B. 滑油太少
C. 火花塞积炭

29. 下列________不是造成快速救助艇舷外发动机功率不足的原因。
A. 火花塞过脏或损坏　　B. 燃油/空气混合浓度太低
C. 燃油里掺入滑油太多

30. 发动机冒蓝烟故障可能是由于滑油太多使火花塞积炭。
A. 对　　B. 错

31. 蓄电池不蓄电故障的原因是________。

①蓄电池连接线路松动或接触不良；②蓄电池缺少电解液；③蓄电池陈旧或工作效率不高；④发电机、整流器或调压器故障

A. ①②③　　B. ①②④

C. ①②③④

32. 快速救助艇发动机高温故障的原因是________。

①冷却水吸入口淤塞；②水泵故障或叶轮磨损严重供水不足；③发动机润滑油过少

A. ①②③　　B. ①②

C. ②③

33. 舷外发动机不能起动的原因可能是________。

A. 紧急熄火绳开关脱离　　B. 燃油仅剩 1/3

C. 螺旋桨没有脱离水面

参考答案

1. C	2. C	3. B	4. B	5. A	6. C	7. B	8. A	9. B	10. C
11. B	12. A	13. A	14. C	15. B	16. B	17. C	18. C	19. A	20. C
21. A	22. A	23. A	24. A	25. B	26. A	27. C	28. B	29. A	30. A
31. C	32. A	33. A							

第三篇
高级消防培训

第十章
船舶消防作业

第一节 消防的组织

1. 关于火灾扑灭后的检查、清理工作,下列说法不正确的是________。
   A. 检查清理的目的是及时发现和扑灭隐藏的火和灼热的余烬,并确定火是否已经蔓延到其他地方
   B. 由于火已基本扑灭,检查清理人员一般不会存在什么危险
   C. 检查清理过程中,即使是已经熄灭的可燃物,也应做浸水等适当的处理,防止复燃
2. 消防灭火人员报告火灾已基本扑灭后,在清理现场时,错误的做法或认识是________。
   A. 消防器材放回原先的位置并随时可用
   B. 寻找是否有隐藏着的未被扑灭的火的余烬
   C. 检查火是否已经蔓延到其他地方
3. 关于火灾扑灭后的检查、清理工作,下列说法不正确的是________。
   ①检查清理的目的是及时发现和扑灭隐藏的火和灼热的余烬,并确定火是否已经蔓延到其他地方;②由于火已基本扑灭,检查清理人员一般不会存在什么危险;③检查清理过程中,即使是已经熄灭的可燃物,也应做浸水等适当的处理,

防止复燃;④检查清理就是将消防器材归位

A. ②④　　B. ①③

C. ②

4. 关于替换或恢复消防设备,下述说法不正确的是________。

A. 将用过的水龙带用淡水冲洗干净吊高晾干

B. 用空的灭火器应重新装药或予以更换,但未用完的可继续使用

C. 呼吸器空气瓶充满备用

5. 救护队的主要职责是________。

①维持现场秩序;②准备救护设备;③准备通信设备

A. ②③　　B. ①②③

C. ①②

6. 探火人员在火场内探火过程中应做到________。

①2 人曳步同行并保持联系;②按照事先确定好的路线行进与撤离;③如遇突发事情,应立即与协助人员联系;④在火场内的停留时间不要过长

A. ①②③④　　B. ①③④

C. ①②③

7. 探火人员在进入火场探火之前必须做到________。

①详细了解有关的火场信息;②穿戴消防员装备;③确定好进出路线;④安排 2 人一组同行及安排协助人员

A. ①②③④　　B. ①③④

C. ①②③

8. 进入火场的探火员必须是________。

A. 有经验的船员　　B. 身强力壮的船员

C. 受过专门培训的人员

9. 现场指挥在选定入舱探火人员时,不必过多考虑人员的各项素质,以免浪费时间。

A. 对　　B. 错

10. 船舶某处发生火灾,现场指挥查清火情的途径包括询问驾驶台。

A. 对　　B. 错

11. 探火员进入火场后,为防止自己跌入空穴中,搜索时应保持身体重心放在前腿上,并曳步前进。

A. 对　　B. 错

12. 当探火员探火时,进入密闭空间后必须打开防爆灯。

A. 对　　B. 错

13. 下列关于搜寻火场内被困人员方法的描述，最正确的是________。
   A. 根据平时的经验判断
   B. 询问知情人、主动呼叫、观察、听声、搜索
   C. 敲击舱壁，听有无响应
14. 进入火场搜索不正确的动作是________。
   A. 戴好呼吸器，穿好防火衣，系好安全带
   B. 确定好搜索路线，独立搜索
   C. 行走时应将体重置于后腿，且曳步而行
15. 进入火场搜索人员的正确行进姿势是________。
   A. 低姿摸索前脚虚、后脚实 B. 挺胸而走
   C. 低姿摸索快步走
16. 在进入火场搜索救助时不可单独工作，至少应几人一组？
   A. 两人 B. 三人
   C. 四人
17. 火灾现场发现窒息的伤员后应________。
   A. 立即将患者转移到安全区域再抢救 B. 就地抢救
   C. 马上报告船长
18. 关于援救被火围困人员，下述不正确的是________。
   A. 原则上应在控制火势的同时，优先救出被困人员
   B. 无论如何都应首先救人
   C. 火势蔓延迅速，救援通道受阻，则应先控制火势和扑救，再设法救人
19. 进入烟火舱内搜索与救助的时候，应使用________。
   A. 普通照明灯 B. 防水照明灯
   C. 防爆照明灯
20. 在充满烟雾的舱室内行走的方法是________。
   A. 匍匐前进 B. 直立行走
   C. 低姿势摸索前进
21. 在烟雾很大的舱室内搜索的方法是低姿势，摸索前进。
   A. 对 B. 错

第二节 消防程序

1. 船舶在港口着火，港口消防队到达后，船长就不再负责船舶消防作业指挥任务。
   A. 对 B. 错
2. 当失火船舶严重威胁港口设施和附近船只时，应________。

A. 通知港口人员和其他船舶尽快撤离　　B. 按港口要求使失火船舶离开码头
C. 继续灭火,不用管其他船舶

3. 现场指挥人员应尽可能向驾驶台报告的信息包括________。
①火灾的确切位置、类别、范围;②火场中是否有人受困;③火场周围是否发现爆炸、毒害性物质;④火场的能见度;⑤控制火场通风的效果
A. ①②③④⑤　　B. ①②③⑤
C. ②③④⑤

4. 发现火灾之后,驾驶台应采取的行动包括________。
①首先向全船发出消防警报;②关闭驾驶台所能遥控的通往火场处所的所有通风系统;③采用有利于控制火势蔓延的航行方法;④将船位输入 GMDSS 设备中的遇险或紧急通信报文中;⑤适时将火灾发生的时间、地点、种类、发现者的姓名、当时的船位等内容详细记入航海日志
A. ①②③④⑤　　B. ②③④⑤
C. ①②③④

5. 船舶在港内失火时,除及时召回船员外,灭火作业组织应由在船的甲板部船员承担。
A. 对　　B. 错

6. 船舶在港内失火时,港口消防队实施灌舱灭火,事先应征得船长的同意才可进行。
A. 对　　B. 错

7. 船舶在港内失火,岸上消防队已到达现场,在灭火过程中,船方错误的做法是________。
A. 与海事部门、港口公安保持随时联系
B. 由于陆上消防队经验丰富,装备精良,当进行破拆、灌舱等作业时,船长应毫不犹豫地予以支持
C. 查清所有在船人员

8. 船舶在港内失火,船方协助消防行动的总指挥是________。
A. 港口管理部门　　B. 海事部门
C. 船长

9. 关于港内火灾,下列说法不正确的是________。
A. 海事部门负责总体指挥　　B. 船长对船舶灭火负有主要责任
C. 其他人员没有必要参与灭火

10. 船舶在港内失火的总体指挥是________。
A. 海事部门　　B. 船长

C. 公安消防队

11. 船舶在港内停泊期间发生火灾,在立即组织自救的同时,要及时向港口消防队报警。

A. 对　　B. 错

12. 船舶在港期间发生火灾,射水量较大,船舶有可能倾覆时,错误的做法是________。

A. 依靠岸方消防队解决

B. 把积聚在舱内的水排至舷外

C. 利用调整压载水等手段增加船舶稳性

13. 船舶在港内发生火灾,船方应先自力灭火,再向港口消防队报警。

A. 对　　B. 错

第三节　消防的战术、战略与指挥

1. 船舶灭火战术原则是先控制,后消灭;先探明火情,后采取行动。

A. 对　　B. 错

2. 船舶灭火的指导思想是________。

A. 先控制,后消灭　　B. 先探明火情,后采取行动

C. 速战速决,集中人力,打歼灭战

3. 船舶灭火基本战术包括________。

①封堵火势;②防护周围;③直接扑救;④间接扑救

A. ①②③④　　B. ③④

C. ①②

4. 干货舱火灾的特点是________。

①舱内阴燃,火灾确切位置不易查明;②明火被扑灭后,有复燃可能;③火灾的扑救难度大、时间长;④必须封舱灭火

A. ②③④　　B. ①②③

C. ①②④

5. 发现厨房失火报警后,说法错误的是________。

A. 立即采取紧急灭火措施,如用就近的防火毯、手提式灭火器进行灭火

B. 等待救援赶到时再按应变部署组织灭火

C. 若不能有效控制火情,应立即关闭厨房的电源、通风装置、防火门等

6. 船舶机舱发生火灾,并且火灾蔓延。控制机舱火灾的办法包括________。

A. 停止主机、辅机运转,利用风机将机舱内的烟雾和热量散发出去

B. 利用舱底污水排放设施,将舱底的污油尽快排除,避免被引燃

C. 利用机舱内外的关闭装置,迅速关闭燃油舱、柜和油管路上的截止阀,断绝油料来源

7. 船舶机舱火灾一开始范围较大或者强度较大时,应采用的灭火方法是________。

A. 使用就近的灭火器灭火

B. 使用固定灭火系统灭火

C. 先使用灭火器灭火,后使用固定灭火系统

8. 扑灭易燃气体、液体等危险品火灾时,首先应用适宜的灭火剂灭火,然后关闭管道或容器的阀门或堵住泄漏处。

A. 对　　B. 错

9. 船舶机舱舱底的易燃液体起火,产生大面积火灾并不断扩大,应先用手提灭火器灭火。

A. 对　　B. 错

10. 船舶机舱失火进行直接扑救时,可以打开机舱上部的舱口,将燃烧的产物排出。

A. 对　　B. 错

11. 船舶机舱发生火灾无法控制时,在起动二氧化碳灭火系统前,可派一人戴好呼吸器,身穿防火服,留在集控室监视火情发展。

A. 对　　B. 错

12. 在机舱灭火中不正确的行动是________。

A. 必要时,气罐、油柜要排气降压以防爆炸

B. 关闭一切燃油进出阀和通风,切断电源

C. 用水枪冷却可能蔓延到的油箱、油柜、气瓶、舱壁等设备

13. 船舶某船员房间失火,首先采取的行动是________。

A. 调查　　B. 扑救

C. 报警

14. 现场指挥信息来源不正确的是________。

A. 询问发现者　　B. 平时对失火处所的了解

C. 询问值班人员

15. 通风的货舱着火,关闭货舱通风是控制火势的有效手段。

A. 对　　B. 错

16. 船舶机舱失火,且有受困人员,如果必须采取封舱灭火,则在条件允许时,应首先将受困人员救出。

A. 对　　B. 错

17. 下列关于扑灭乙类火说法错误的是________。

A. 少量的溢油着火，用化学干粉、泡沫灭火器或水雾均可

B. 货油舱着火，用甲板泡沫系统扑救，水柱可用于重油火

C. 船上厨房着火，用二氧化碳灭火剂扑救

18. 扑救客船火灾的措施包括________。

①充分利用船上的消防设施灭火；②运用合理有效的战术；③根据风向调整航向，控制火灾蔓延；④掩护和引导旅客及时疏散到安全区域；⑤关闭火场的通风设施；⑥注意稳性，及时排出积水

A. ①②③④　　B. ①②③④⑤⑥

C. ①③④⑤

19. 液化气船发生气体泄漏，但并未引发火灾。现场负责人员抢险过程中，应该注意________。

A. 提供消防水，并要求抢险人员戴好呼吸器或其他的防护工具

B. 可以不提供消防水，但要求抢险人员戴好呼吸器或其他的防护工具

C. 既可以不提供消防水，也不要求抢险人员戴好呼吸器或其他的防护工具

20. 液化石油气船发生气体泄漏，并引发火灾。现场负责人员采取的最好程序是________。

A. 先组织人员切断石油气的泄漏源，再扑救

B. 先组织人员扑救，再切断石油气的泄漏源

C. 既可以先组织人员切断石油气的泄漏源，也可先组织人员扑救

21. 油船货油泵舱发生火灾的原因一般有________。

①通风不良；②石油产品的渗漏；③泵故障产生高温

A. ①③　　B. ②③

C. ①②③

22. 油船泵间一旦通风不足，不能使挥发性油气保持在爆炸极限以下，可能会发生火灾。

A. 对　　B. 错

23. 油船甲板或货油舱内发生火灾时，采取控制火势蔓延的最佳航行方法是________。

A. 立即停车

B. 迅速转向

C. 减速并转向，保持烟火被风吹到远离上层建筑和可燃货物

24. 液化石油气船发生气体泄漏，并引发火灾。现场负责人员采取的最好程序是________。

A. 先组织人员扑救，再切断石油气的泄漏源

B. 先组织人员切断石油气的泄漏源,再扑救

C. 既可以先组织人员切断石油气的泄漏源,也可先组织人员扑救

25. 油船货油泵舱发生火灾的原因一般有________。

①通风不良;②石油产品的渗漏;③泵故障产生高温

A. ①③ B. ②③

C. ①②③

26. 油船甲板或货油舱内发生火灾时,采取控制火势蔓延的最佳航行方法是________。

A. 立即停车

B. 迅速转向

C. 减速并转向,保持烟火被风吹到远离上层建筑和可燃货物

第四节　水灭火对船舶的影响

1. 因水往低处流,所以用水灭火时,水会流到船舱底部,降低重心,从而有利于船舶稳性。

A. 对 B. 错

2. 大量用水灭火可能对船舶造成________危害。

A. 稳性 B. 纵向强度

C. 稳性和纵向强度

3. 防止用水过量造成船舶倾覆的措施有________。

①减少盲目射水;②及时进行排水;③船体发生倾斜后,向倾斜相反方向一侧的压载舱内压水;④船体发生倾斜后,向倾斜方向一侧的压载舱内压水

A. ②③④ B. ①②④

C. ①②③

4. 作为船舶的指挥人员,请你判断下列关于"船舶发生火灾后,用大量的水扑救,产生的后果"的叙述,哪项正确?

A. 形成自由液面后,降低船舶稳性 B. 重心高度降低,船舶稳性下降

C. 重心高度发生改变,提高船舶稳性

5. 在采用大量的水灭火之前,必须充分考虑船舶储备浮力的大小及对船舶稳性的影响。

A. 对 B. 错

6. 船舶在港期间发生火灾,舱内积水量较大,导致船舶有可能倾覆时,下列做法错误的是________。

A. 在合理范围内应用消防水,不能盲目射水
B. 依靠岸方消防队解决
C. 利用加压载水等手段增加船舶稳性

7. 扑灭火灾中,为防大量用水导致船舶丧失稳性发生倾覆可采取的措施是及时进行排水,减少盲目射水或往压载舱灌水。
A. 对　　B. 错

第五节　火灾中船舶通信与协调

1. 假设船舶在远离陆地的大洋中航行时发生火灾,作为负责船员,你会选择哪些设备实现驾驶台与火灾现场的联系?
A. INMARSAT-F、组合电台、VHF 通信设备
B. 手持式 VHF 通信设备、电话
C. 组合电台、有线广播、报警系统

2. 假设船舶在离岸 20 海里的海上航行时,船舶发生危险。作为负责船员,你会优先选择哪些设备向沿岸机关报告?
A. INMARSAT-F、组合电台
B. INMARSAT-F、组合电台、VHF 通信设备
C. VHF 通信设备

3. 船舶与船舶公司应急通信的内容主要包括________。
①起火时间、火灾位置、船舶吃水、火灾危险情况的预判;②船舶动力系统状况;③船位和天气海况等;④船舶已采取的应急行动;⑤人员的伤亡情况等
A. ①③④⑤　　B. ①②③④⑤
C. ①②④⑤

4. 火灾险情发生后,船长与公司通信的主要内容包括________。
①目前船舶火灾状况;②船舶动力系统状况;③船位和天气海况等;④船舶已采取的行动和计划;⑤对外通信情况
A. ②③④⑤　　B. ①②③④
C. ①②③④⑤

5. 某船员房间失火,驾驶台首先应________。
A. 减速　　B. 转向,使火处于下风
C. 向全船鸣放警报

6. 在船舶灭火过程中的通信方式可以采用________。
①对讲机;②电子扩音器;③指派通信员联络

A. ①③　　B. ②③
C. ①②③

7. 在灭火过程中，保持有效的通信和协调是决定灭火成败的关键之一。
A. 对　　B. 错

8. 通常情况下，向全船发出火警信号的是________。
A. 船长　　B. 值班驾驶员
C. 发现火情者

9. 弃船信号应在________的命令下发出。
A. 船长　　B. 大副
C. 值班驾驶员

第六节　船舶通风与控制

1. 船舶失火后，能够对通风系统进行有效控制的方法包括________。
A. 通风机的停止　　B. 主要通风口的关闭
C. 通风机的停止和主要通风口的关闭

2. 在扑救火灾过程中，控制通风的目的有________。
①改善火场的能见度；②减少高温和毒气对人的危害；③有效控制火势蔓延；④有利于救人和灭火
A. ①②③④　　B. ②③④
C. ①②③

3. 在对火灾实施间接扑救时，可以进行通风，以防止人员缺氧窒息。
A. 对　　B. 错

4. 船舶某处失火，在未查明火情前应断绝通风。查明火情后，在采取灭火行动时，应控制通风。
A. 对　　B. 错

5. 在未查明火情前，断绝一切通风。
A. 对　　B. 错

6. 火灾发生后，决定通风与否的依据是________。
①是否有利于控制火势；②是否有利于扑灭火灾；③有人员被围时，必须通风
A. ①③　　B. ②③
C. ①②

7. 在船舶消除和控制火源过程中，以下描述正确的是________。
①不在禁烟区吸烟；②装完货后，货舱内的移动式舱灯可不移走；③易燃品远

离可能引起燃烧的火源

A. ①②　　B. ②③

C. ①③

8. 可燃物质燃烧时,含氧量充足,温度稳定且高于________时为完全燃烧。

A. 闪点温度　　B. 燃点温度

C. 自燃点温度

9. 机舱失火时,较理想的通风控制方法是________。

A. 横向通风　　B. 断电通风(横向垂直复合通风)

C. 垂直通风

10. 若采用横向通风方式排除因燃烧生成的烟及高热,则应首先打开上风的门窗。

A. 对　　B. 错

11. 下列哪一种情况应严禁通风?

A. 救援被困人员　　B. 进入火场

C. 间接扑灭火灾时

12. 在进行横向通风时,下列哪一种方式是合适的?

A. 先打开上风门　　B. 先打开下风门

C. 同时打开上、下风门

13. 机舱火灾被扑灭后,最理想的通风方法是________。

A. 机械通风　　B. 垂直通风

C. 复合通风

14. 当住舱着火,烟雾很大时,应打开门窗,散出烟雾,开亮电灯寻找火源。

A. 对　　B. 错

15. 发现失火的船员在离开现场去报告之前,应关闭火灾舱室及所有相邻舱室的门窗及通风系统。

A. 对　　B. 错

16. 发出火警警报的船员,一旦找出隐藏的火灾的位置,就要打开通往这个地区的门,直接扑灭。

A. 对　　B. 错

17. 当燃烧区域空气中的含氧量低于________时,绝大多数物质燃烧都会自行停止。

A. 16%　　B. 11%

C. 8%

18. 易燃液体产生的蒸气比空气轻,会随风散去,对船舶潜在危险小。

A. 对　　B. 错

19. 在救人和灭火过程中,控制通风的目的有________。
    ①改善火场的能见度;②减少高温和毒气对人的危害;③有效控制火势蔓延
    ④提高救人和灭火的效率
    A. ①②③④　　　　B. ②③④
    C. ①②③
20. 通风控制就是________。
    A. 将所有开口全部关闭
    B. 根据需要选择性关闭或开启通风,便于控制火势和扑灭火灾
    C. 关闭一半可通风装置,以防人员窒息
21. SOLAS 公约对服务于机器处所的动力通风的控制系统应设置为________。
    A. 能从两个位置集中控制的装置,其中之一应位于该处所的外面
    B. 能从两个位置分散控制的装置,其中之一应位于该处所的外面
    C. 能从一个位置集中控制的装置,并且该位置应不在该处所内

第七节　船舶燃油和电气系统的控制

1. 为了确保船舶的配电板不发生火灾,应加强管理,杜绝以下操作________。
   A. 确保三相负载电流平衡
   B. 确保三相负载电流平衡,并且线路连接正确
   C. 临时用大容量保险丝替代烧毁的保险丝
2. 通过日常管理,避免船舶蓄电池间发生火灾的正确管理措施是________。
   A. 不充电时,关闭蓄电池间的通风设施
   B. 充电时不必对蓄电池间通风
   C. 保证蓄电池室的通风设施常开
3. 如果机舱发生火灾,并已经蔓延,指挥人员应该________。
   A. 立即通过消防控制室的电力切断开关,切断机舱的电力供应
   B. 立即通过消防控制室的速闭阀,切断机舱设备的燃油供应
   C. 立即通过主甲板上的主油阀,切断机舱设备的燃油供应
4. 配电盘失火后,扑灭火灾的后援应选用泡沫或水,以便冷却。
   A. 对　　　　B. 错
5. 船舶电气系统火灾的防范措施主要有________。
   ①防止线路和设备老化;②避免超负荷用电;③对电器设备进行定期保养;④使用安全灯泡;⑤蓄电池间保持良好通风
   A. ①②③④⑤　　　　B. ①②③④

C. ①②③

6. 从防止船舶燃油系统发生火灾角度出发,对燃油系统的防范措施有________。
①油柜不能加得太满;②输油管路不得有渗漏;③保证喷油嘴工作正常;④舱底积油不应太多
A. ①②③④
B. ①②③
C. ②③④

7. 不适合扑灭带电的电气火灾的灭火剂有________。
A. 二氧化碳
B. 清水
C. 干粉

8. 电气火灾扑救时应先切断电源,因为这样做可以________。
A. 防止人员触电
B. 防止火势扩大
C. 防止人员触电和火势扩大

9. 船舶在任何时候都不容许使用闪点低于 60 ℃的燃油。
A. 对
B. 错

第八节 灭火中的危险

1. 干馏的危害有________。
①导致中毒或窒息;②造成呼吸系统黏膜受热肿胀;③发生回燃现象
A. ①②③
B. ①②
C. ①③

2. 减轻干馏的措施有________。
①在开花水枪的水幕掩护下低姿势进入火场;②用直流水枪向着火舱室顶部喷水;③冷却着火舱室外部
A. ①②
B. ①③
C. ①②③

3. 烟道着火最大的危险是________。
A. 烟道比较高,人员在高处灭火容易坠落
B. 进入烟道灭火容易窒息
C. 烟道着火灭火不当容易发生爆炸

4. 在消防应急中,消防人员可能接触毒害性物质的主要途径有________。
①皮肤接触;②眼睛接触;③通过口腔、鼻、咽喉和肺部吸入;④吞咽摄入;⑤辐射
A. ①③④⑤
B. ②③④⑤

C. ①②③

5. 一氧化碳中毒是火灾中人体中毒死亡的主要原因。

A. 对　　B. 错

6. 在船舶火灾中人员死亡的原因主要是________。

A. 盲目行动　　B. 外伤

C. 窒息和中毒

7. 在船舶火灾中人员死亡的原因主要是________。

A. 烧伤　　B. 外伤

C. 窒息和中毒

8. 火灾扑灭后的检查具有潜在危险,决不能粗心大意而忽视人员安全。

A. 对　　B. 错

9. 船员在火场被困时,下列哪一项正确?

A. 赶快跑出火场　　B. 等待救援

C. 沿舱壁、低姿势、用湿毛巾捂口鼻行走

10. 防护主要应做到________。

①冷却火场周围;②隔离危险品及贵重物品;③切断通向火场的电源、油路

A. ①③　　B. ②③

C. ①②③

11. 干馏的危害主要有________。

①有毒气体的生成和缺氧易使人员中毒和窒息;②高温气体的吸入易使呼吸系统黏膜肿胀充血,导致人员窒息;③易燃气体一旦遇到新鲜空气,导致火势扩大;④火灾无法控制和扑灭

A. ②③④　　B. ①②③

C. ①②③④

12. 消防队进入有干馏危险的舱室时,下列哪项措施是最佳的?

A. 两支水枪,分别冷却舱室的外部和冲击舱室的顶部;同时,人员保持低姿势

B. 两支水枪,交替掩护,水平扫射并推进

C. 两支水枪,打到水雾;交替掩护,水平扫射并推进

13. 在水雾掩护下人员低姿蜷身进入密闭舱室是减轻干馏危害的一种方法。

A. 对　　B. 错

14. 用直流水枪向火灾舱室的天花板喷水是减轻干馏危害的一种方法。

A. 对　　B. 错

15. 减轻干馏危害的方法是________。

①用水冷却密闭舱室的外部;②在水雾的掩护下蜷身进入密闭舱室的入口;

③用直流水柱向着火舱室的顶部喷水

A. ①②　　B. ②③

C. ①②③

16. 船舶发生火灾时,干馏的危害主要表现在________。

①产生的有毒气体对进入该区域进行消防作业的人员构成威胁;②高温气体的吸入会使消防人员窒息;③易燃气体在条件具备时会重新燃烧,使火势扩大;④产生的浓烟会降低舱室内的能见度

A. ①②④　　B. ②③

C. ①②③

17. 干馏给消防人员带来威胁的主要是二氧化碳气体。

A. 对　　B. 错

18. 化学反应对扑救船舶火灾的不利影响包括________。

①可引起新的火灾;②使火灾加剧或复杂;③增加扑救火灾的难度;④对消防人员的安全不构成威胁

A. ①②③　　B. ①②③④

C. ①②④

19. 装运碳化钙的船发生火灾,为防止火势加剧与扩大,不能用的灭火剂是________。

A. 二氧化碳　　B. 干粉

C. 含水的灭火剂

20. 碳化钙与水反应,生成大量易燃的________气体。

A. CO　　B. 乙炔

C. 甲烷

21. 船舶水管锅炉失火后,在温度达到 700 ℃之后,可用大量的水来扑灭。

A. 对　　B. 错

22. 扑救有爆炸危险的锅炉烟道火灾时,应及时将锅炉舱内与灭火无关的电源切断,并采取防水措施。

A. 对　　B. 错

23. 扑救一般锅炉烟道火灾的主要方法是________。

①停油;②停风;③使用蒸汽灭火

A. ①　　B. ②③

C. ①②③

24. 对有爆炸危险的锅炉烟道火灾,正确的扑救方法是首先停油、停风,再使用泡沫将火扑灭。

A. 对　　B. 错

25. 当船舶锅炉烟道失火时,应关闭锅炉、主机和烟道的风门。

A. 对　　B. 错

26. 一般烟道失火的扑救方法是:停油、停风、用二氧化碳扑灭火灾。

A. 对　　B. 错

第九节　危险货物的火灾

1. 如果船舶运输某种危险品发生泄漏,并导致火灾。我们可以通过查阅《国际危规》中的何种文件,判断该火灾可否用水直接扑救?

A.《船舶载运危险货物应急措施》

B.《船舶载运危险货物应急措施及医疗急救指南》

C.《危险货物事故医疗急救指南》

2. 船员在扑救危险品货物火灾过程中接触货物导致受伤,可查阅《国际危规》中________,以便采取相应的应急措施。

A.《船舶载运危险货物应急措施》

B.《船舶载运危险货物应急措施及医疗急救指南》

C.《危险货物事故医疗急救指南》

3. 船舶在港装卸危险品时,应悬挂________。

A. N 旗(一盏环照红灯)　　B. B 旗(一盏环照红灯)

C. Q 旗(两盏环照红灯)

4. 危险货物配载时需要注意防火防爆,错误的做法是________。

A. 为了发生火灾时便于扑救,尽量将危险货物装于甲板上

B. 甲板装载时,不应占露天甲板全部面积的 1/2 以上

C. 应与消防栓及测深管等保持一定距离,留出通道

5. 船舶承运危险货物时,应将配载位置、危险等级及防火、防毒、救助等应急措施张贴公布于众,使全体船员熟知并遵守。

A. 对　　B. 错

6. 船舶发生火灾,现场指挥到达现场后,首先应确定________。

A. 扑救方法　　B. 火的种类

C. 所需人力

7. 散装危险品货物性质资料和火灾应急资料应查阅________。

A. IMDG CODE(《国际危规》)

B. EMS(《应急指南》)

C. ISMBC CODE(《国际海运固体散装货物规则》)

8. 包装危险品货物性质资料和火灾应急资料应查阅________。
   A. IMDG CODE(《国际危规》)
   B. EMS(《应急指南》)
   C. IMDG CODE(《国际危规》)和 EMS(《应急指南》)
9. 爆炸品物质着火应选的最佳灭火剂是________。
   A. 喷雾水流　　B. 沙土
   C. 泡沫
10. 油漆间面积达到 40 m^2,应按要求安装固定灭火系统。
   A. 对　　B. 错
11. 按 SOLAS 公约要求,当油漆间和易燃液体物料间的面积小于________平方米时,仅需备手提式灭火器即可。
   A. 4　　B. 6
   C. 8
12. 按 SOLAS 公约要求,油漆间固定灭火系统可以采用________。
   ①二氧化碳灭火系统;②干粉灭火系统;③水雾灭火系统
   A. ①③　　B. ①②③
   C. ①②
13. 油漆间须保持一定的自然通风,通风孔上必须安装________,防止火星等进入油漆间发生火灾。
   A. 挡火闸　　B. 防火网
   C. 自动关闭装置
14. 物料间照明可长期使用日光灯。
   A. 对　　B. 错
15. 船舶物料间可使用 60 W 及以下的白炽灯照明。
   A. 对　　B. 错
16. 油漆和溶剂等应贮存在干燥、阴凉、通风、隔热、无阳光直射的库房内,可与普通物资混放。
   A. 对　　B. 错
17. 在油漆贮存库房内不许吸烟,在显眼地方还应张贴“________”的警告牌。
   A. 请勿靠近　　B. 严禁烟火
   C. 严防爆炸
18. 关于油漆储存,下列说法不正确的是________。
   A. 油漆储存库房必须搭设木架,油漆放木架上,要稳固,避免摩擦、碰撞
   B. 油漆和溶剂应储存在干燥、通风、阳光直晒的库房内,不准与普通物资混放
   C. 油漆储存室内应配备按规定数量和品种的消防灭火设备,并经常检查,定期换药

19. 关于物料间的防火措施,下列表述正确的是________。
①应严格禁止火种、火源,禁止吸烟;②应有足够的照明亮度;③使用本质安全型照明灯具
A. ①② B. ①③
C. ①②③
20. 从良好的保管角度出发,下列哪些做法是错误的?
A. 清洁用的纱头、破布,应存放在有盖的金属容器内
B. 妥善处理成堆的包装材料
C. 油漆、清漆等短时间不用,应存放在就近的物料间内
21. 在生产、运输及使用可燃气体、液体时,应特别注意防止跑、冒、滴、漏。
A. 对 B. 错
22. 船舶应严格按照危险品适装证书装载危险货物。
A. 对 B. 错
23. 船舶装完货后,不必从货舱内取出移动式舱灯,只需拔出该灯的插头即可。
A. 对 B. 错
24. 在装有砂石货物的舱内进行装卸货时,可以在舱内吸烟。
A. 对 B. 错
25. 清洁用的纱头、破布、渍油的纱头应存放在敞口的容器内。
A. 对 B. 错
26. 油漆、清漆等不使用时,哪怕是一夜,也应该存放在油漆间内。
A. 对 B. 错
27. 下列关于固体可燃物的说法,错误的是________。
A. 普通固体可燃物,燃烧前必须经过高温分解过程
B. 碎屑状的固体可燃物比大块的物质燃烧猛烈
C. 装卸粮食和其他微粒货物时,不易发生爆炸事故
28. 存放于油漆间甲板的油漆桶应将桶底垫高________以上,使之通风。
A. 5 cm B. 10 cm
C. 15 cm
29. 在船舶日常工作中,下列做法不正确的是________。
A. 把渍油的纱头存放在无盖的金属容器内
B. 妥善处理成堆的包装材料
C. 垫舱物料应存放在安全处所
30. 船舶油漆间照明灯具罩破损。从消防管理方面看,应该如何处置?
A. 肯定会引发火灾,进行记录并上报 B. 火灾隐患,及时修理

C. 航修时修理

31. 存放乙炔气瓶间发生火灾的隐患一般包括________。
①氧气和乙炔气瓶混放；②阀门不严或没关严；③附近有火源；④无警示标志
A. ②③④　　B. ①③④
C. ①②③④

32. 在以下情况中，________最易造成船舶油漆间火灾。
A. 油漆在油漆间存放了很长时间　　B. 油漆间只安装了自然通风设施
C. 照明设备未使用防爆设备

33. 当火势蔓延到整个机舱，焚毁灭火动力、灭火管系，并蔓延到整个舱面建筑时，船员继续留船存在生命危险，船长可下达弃船命令。
A. 对　　B. 错

34. 大多数塑料燃烧都伴有浓烟，这是严重缺氧的表现。
A. 对　　B. 错

35. 油漏洒到排气管上引起的火灾属于受热自燃。
A. 对　　B. 错

36. 机舱内的高压气瓶、油柜受高温影响，易产生物理性爆炸。
A. 对　　B. 错

37. 石油产品挥发出的油气在空气中含量达到能发生爆炸的最低浓度时，遇火即产生燃烧爆炸。
A. 对　　B. 错

38. 固体物质燃烧时，对船员产生的危险是________。
A. 缺氧窒息　　B. 一氧化碳中毒
C. 缺氧窒息和一氧化碳中毒

39. 管理级和操作级船员必须接受船舶高级消防培训的依据是________。
A. SOLAS 公约和 STCW 公约　　B. STCW 公约和 FSS 规则
C. STCW 公约

40. 形成蓄热自燃的热能都是由于本身物理作用、化学反应或生物效能产生的。
A. 对　　B. 错

41. 船舶火灾比陆地火灾难以扑灭的原因是________。
①船舶结构复杂；②火势蔓延速度快；③人员疏散不便
A. ③　　B. ①②
C. ①②③

42. 船舶高级消防培训的重点内容是________。
A. 灭火战术和指挥与消防器材的使用

B. 消防应变组织与协调、灭火战术和指挥

C. 船舶日常消防管理

43. 船舶防火控制计划内容一般包括________。

①消除和控制火源；②灭火器的保养与使用；③灭火措施

A. ①②　　B. ②③

C. ①③

44. 电影、幻灯片、录像及多媒体课件等可作为防火教育中对船员进行正式训练的一种方式。

A. 对　　B. 错

45. 未经过防火安全知识教育的人员不准进行船舶油漆作业。

A. 对　　B. 错

46. 做好船舶消防工作主要靠________。

①全体船员的正确态度和技能；②消防设备；③应急预案和正确的指挥协调

A. ①②　　B. ③

C. ①②③

47. 下面哪种原因极有可能导致船舶货舱发生火灾？

A. 货舱里装载了棉花、黄麻等货物

B. 船舶满载航行期间，擅自在甲板上进行热工作业

C. 货舱通风设备没有保持在工作状态

48. 船舶防火的重点区域包括________。

A. 机舱、货舱、起居处所、厨房、油漆间、首尖舱

B. 机舱、货舱、起居处所、厨房、油漆间

C. 机舱、货舱、起居处所、厨房

49. 下列应将其作为危险区域加以重点防范的有________。

①机舱；②厨房；③驾驶室；④压载舱；⑤物料间

A. ①②④⑤　　B. ①②③④

C. ①②③⑤

50. 干货船货舱在任何情况下均应将其作为危险区域来加以重点防范。

A. 对　　B. 错

51. 船舶火灾的危险区域主要有机舱、厨房、生活区、油漆间及载有危险货物的货舱等。

A. 对　　B. 错

52. 船舶机舱既有可燃物又有高温热源，故应将其划分为火灾危险区域加以重点防范。

A. 对　　B. 错

53. 船舶极易发生火灾的区域称危险区域。

A. 对　　B. 错

54. 下列说法错误的是________。

A. 船上常见的易燃液体有:燃油、润滑油、油漆等

B. 液体挥发性越强,危险性越大

C. 闪点是划分可燃液体危险等级的依据,当达到闪点时,遇火爆炸

55. 下列说法错误的是________。

A. 闪点是划分可燃液体危险等级的依据,当达到闪点时,遇火爆炸

B. 液体挥发性越强,危险性越大

C. 可燃液体扩散面积越大,释放蒸气越多,燃烧越猛烈,这也是大开口液体罐及溢出液体点燃后燃烧猛烈的原因

56. 不燃材料系指将某种材料加热至约 750 ℃时,既不燃烧,也不能生成足以引起自燃的易燃气体的材料。

A. 对　　B. 错

57. 一般条件下,相同物质的下列哪个指标最低?

A. 闪点　　B. 燃点

C. 自燃点

58. 同体积的两种可燃液体混合物的闪点不具有加合性,高闪点与低闪点的混合液的闪点低于这两种液体闪点的________。

A. 最高值　　B. 最低值

C. 平均值

59. 具备了三要素不一定会发生燃烧,只有当三个条件相互结合、相互作用时才有可能形成燃烧。

A. 对　　B. 错

60. 只要设法阻止燃烧三要素相互结合、相互作用,便可防止燃烧的产生。

A. 对　　B. 错

61. 船上常见的可燃液体包括燃油、润滑油、柴油、油漆及其他溶剂等。

A. 对　　B. 错

62. 燃烧必须具备的三个条件是可燃物、助燃物、着火源,又称为燃烧三要素。

A. 对　　B. 错

63. 能引起物质燃烧的所有热能源都是着火源,如:明火、电火花、摩擦撞击产生的火花、静电火花、辐射热、化学反应热、积聚的日光热等。

A. 对　　B. 错

64. 易燃液体溢出时，会扩散很大面积，释放出大量的蒸气，一旦被点燃，燃烧猛烈，放出大量的热。

A. 对　　B. 错

65. 易燃液体挥发产生的蒸气比空气重的情况下，会沉降到低处，慢慢地散发，遇火易发生燃烧和爆炸。

A. 对　　B. 错

66. 只要将燃烧三要素中的任何一个要素控制住，即可使燃烧停止。

A. 对　　B. 错

67. 按规定，任何水密门均应能在船舶向任一舷横倾至________的情况下将门关闭。

A. 10°　　B. 15°

C. 20°

68. 不燃材料系指某种材料被加热至约________℃时，既不燃烧也不产生足量的能造成自燃气体的材料。

A. 925　　B. 750

C. 821

69. A-60 级舱壁的耐火试验要求：在________内，在其背火一面的平均温度较原始温度增高不超过 140 ℃。

A. 2 小时　　B. 1.5 小时

C. 1 小时

70. B-15 级舱壁在标准耐火试验结束时，能在________内，其背火一面的平均温度较原始温度增高不超过 140 ℃。

A. 30 分钟　　B. 20 分钟

C. 15 分钟

71. 绞钮式水密门在消防中起重要作用，它通常用于________。

A. 水线以下　　B. 露天甲板

C. 油漆间

72. 隔火挡板的主要作用是________。

A. 防火　　B. 阻止火灾扩散

C. 阻止烟雾弥漫

73. 按要求，任何水密门均应能在船舶向任一舷横倾至 15°的情况下将门关闭。

A. 对　　B. 错

74. 任何水密门在阻止火灾蔓延的能力上应与其相邻的结构物相同。

A. 对　　B. 错

75. 结构开口处的耐火分隔等级与其相邻的结构相同。

A. 对　　B. 错

76. 根据有关规定，结构开口处在防火要求上可比其相邻的结构物低一个等级。

A. 对　　B. 错

77. 在结构防火中，分隔要求最高的是 A 级分隔。

A. 对　　B. 错

78. C 级分隔是指用认可的不燃材料制成，无满足有关防止烟和火焰通过以及限制温升的要求。

A. 对　　B. 错

79. 安装于水线以上即露天甲板各舱室所有朝外开口处的水密门，所起的作用有________。

①对恶劣天气和巨浪提供防护；②阻止火灾蔓延；③排出热和烟

A. ①③　　B. ②③

C. ①②③

80. 通常来讲，水密门是为了阻止水的进入，它阻止火焰的能力低于其舱壁阻止火焰的能力。

A. 对　　B. 错

81. 在消防现场，救护人员的任务包括________。

A. 转移伤员，并对重伤员进行现场急救

B. 立即申请无线电远程医疗救助

C. 对不同伤情的伤员，统一护理

82. 下肢出血时，止血带应每隔多长时间放松一次？

A. 20 分钟以内　　B. 30 分钟至 1 小时

C. 1 小时以上

83. 外伤清洗伤口可用________。

A. 碘酒　　B. 酒精

C. 生理盐水

84. 对烧伤创面较大患者的创面保护处理，下列哪种方法较为正确？

A. 立即涂抹烧伤药膏

B. 立即将创面上的泥沙清理干净并包扎

C. 立即用干净衣物包裹伤口

85. 对于烫伤的病人，为减轻疼痛，下列何者正确？

A. 及时取下衣服，冷水浸沐伤处

B. 及时取下衣服，用食用油涂伤处

C. 及时取下衣服,冷水浸沐伤处或用食用油涂伤处都对

86. 烧伤病人的处理,________正确。

A. 喝大量开水　　B. 喝大量乳类饮料

C. 喝适当的含盐饮料

87. 一氧化碳中毒的病人的皮肤颜色是________。

A. 粉红色　　B. 铁红色

C. 樱桃红色

88. 休克病人应平卧,稍抬高下肢。

A. 对　　B. 错

89. 在消防现场,处置Ⅰ度烧伤病人的原则包括________。

A. 及时冷敷,或者用大量的冷水冲洗烧伤部位

B. 用酱油或酒精冲洗烧伤部位

C. 用纱布或绷带包扎烧伤部位

90. 对心跳、呼吸停止的患者,应立即进行________。

A. 口对口人工呼吸

B. 仰卧压胸法急救

C. 胸外心脏按压与口对口人工呼吸

91. Ⅱ度烧伤,经初期包扎后患者无疼痛、发热、敷料干燥,创面无臭味,应维持________首次更换敷料,争取一次愈合。

A. 2~4 天　　B. 7~14 天

C. 3 天

92. 以下________人工呼吸法最常用、最有效。

A. 口对口法　　B. 仰卧压胸法

C. 曲臂压胸法

93. 船舶发生火灾,且港口消防队已经到达。船长应该注意,________。

A. 港口消防队对船舶灭火负有主要责任

B. 船长主要是配合消防队工作

C. 船长仍对船舶灭火负有主要责任

94. 一般情况下,船方应向港口消防队通报________。

①是否有人被困;②火灾的部位、种类、范围;③是否有蔓延的可能;④发生火灾的原因

A. ①②③④　　B. ①③④

C. ②③④

95. 岸上消防队到达失火船舶后,船方不应________。

A. 把全船消防工作交给岸方消防队　　B. 报告船舶失火情况
C. 介绍船舶可以使用的固定灭火系统

96. 当消防队抵达现场后，船方应向消防队通报________。
①有无人员受困；②火灾的部位、性质；③船用灭火系统是否完好
A. ①③　　B. ②③
C. ①②③

97. 在系泊期间发生火灾，当岸方消防队到达现场后，船方应积极协助消防队选择进攻路线。
A. 对　　B. 错

98. 船在系泊期间发生火灾，有时为了灭火的需要，消防队员要进行破拆，应征得船长的同意。
A. 对　　B. 错

99. 当岸上消防队抵达现场后，船方应向消防队报告________。
①船内是否有人员受到火灾威胁；②火源部位及燃烧物质的性质、数量、火势范围、蔓延方向；③固定灭火系统是否完好；④火场周围有无爆炸品、易燃液体等危险品；⑤进攻通道受火势影响程度；⑥船上呼吸器数量
A. ①②③④⑤⑥　　B. ①②③④⑤
C. ①②③④⑥

参考答案

第一节　消防的组织

1. B　2. A　3. A　4. B　5. C　6. A　7. A　8. C　9. B　10. B
11. B　12. B　13. B　14. B　15. A　16. A　17. A　18. B　19. C　20. C
21. A

第二节　消防程序

1. B　2. B　3. A　4. A　5. B　6. A　7. B　8. C　9. C　10. A
11. A　12. A　13. B

第三节　消防的战术、战略与指挥

1. A　2. C　3. A　4. B　5. B　6. C　7. B　8. B　9. B　10. A
11. B　12. A　13. C　14. C　15. A　16. A　17. B　18. B　19. A　20. A
21. C　22. A　23. C　24. B　25. C　26. C

第四节　水灭火对船舶的影响

1. B　2. C　3. C　4. A　5. A　6. B　7. A

第五节　火灾中船舶通信与协调

1. B　2. C　3. B　4. C　5. C　6. C　7. A　8. B　9. A

第六节　船舶通风与控制

1. C　2. A　3. B　4. A　5. A　6. C　7. C　8. B　9. C　10. B
11. C　12. B　13. A　14. B　15. B　16. B　17. B　18. B　19. A　20. B
21. A

第七节　船舶燃油和电气系统的控制

1. C　2. C　3. B　4. B　5. A　6. A　7. B　8. C　9. B

第八节　灭火中的危险

1. A　2. C　3. C　4. C　5. A　6. C　7. C　8. A　9. C　10. C
11. B　12. A　13. A　14. A　15. C　16. C　17. B　18. A　19. C　20. B
21. A　22. A　23. C　24. B　25. A　26. B

第九节　危险货物的火灾

1. A　2. C　3. B　4. A　5. A　6. B　7. C　8. C　9. A　10. B

11. A	12. B	13. B	14. B	15. A	16. B	17. B	18. B	19. B	20. C
21. A	22. A	23. B	24. B	25. B	26. A	27. C	28. B	29. A	30. B
31. C	32. C	33. A	34. B	35. A	36. A	37. A	38. C	39. C	40. A
41. C	42. B	43. A	44. A	45. A	46. C	47. B	48. B	49. C	50. B
51. A	52. A	53. A	54. C	55. A	56. A	57. A	58. C	59. A	60. A
61. A	62. A	63. A	64. A	65. A	66. A	67. B	68. B	69. C	70. C
71. B	72. B	73. A	74. A	75. A	76. B	77. A	78. A	79. C	80. B
81. A	82. B	83. C	84. C	85. A	86. C	87. C	88. A	89. A	90. C
91. B	92. A	93. C	94. A	95. A	96. C	97. A	98. A	99. B	

第十一章

消防队的组织和训练

第一节　消防队的组织和训练

1. 船上组织船员进行的消防训练主要是技能训练，至于战术训练仅船长自己明白即可。

   A. 对　　　　B. 错

2. 现场指挥地点应符合________要求。

   ①不能被紧急情况隔离；②有足够的空间，能容纳至少 3 人及其应急设备；③有通道通往开敞甲板、机器处所、居住区；④可与驾驶台和机舱实时通信

   A. ①②③④　　　　B. ①②③

   C. ①③④

3. 灭火战术训练分为理论知识教育、案例研究、想定作业、战术演练。

   A. 对　　　　B. 错

4. 一般说来，在灭火时，消防队员所采用的射水姿势分立射、跪射、卧射三种。

   A. 对　　　　B. 错

5. 船舶消防训练的场所可任意选定，事先不必征得大副和轮机长的同意。

   A. 对　　　　B. 错

6. 派人进入封闭舱室灭火时，应将门全部打开，用水雾流前后来回交叉喷扫舱室。

   A. 对　　　　B. 错

7. 船舶发生火灾后，为节约时间，应边打开消火栓的水龙头边铺展水带。

   A. 对　　　　B. 错

8. 扑救封闭舱室中的火灾，必须将门全打开，并以门作为掩体用水雾流前后来回交叉喷扫舱室。

   A. 对　　　　B. 错

9. 为迅速扑灭封闭舱室内的火灾，灭火人员应以直立的姿势进入舱室。

   A. 对　　　　B. 错

10. 船舶灭火中,应用水枪冷却舱壁阻止火势蔓延时最好采取________。
A. 直流水冷却
B. 开花水纵扫舱壁
C. 用开花水来回横扫冷却舱壁的上端
11. 船舶消防训练的内容有________。
①对消防队和隔离队的训练;②灭火技术训练;③灭火战术训练
A. ①③　　B. ②③
C. ①②③
12. 灭火技术训练最终达到的目的是________。
A. 处理各种应急情况　　B. 变换灭火形式
C. 灵活熟练地运用消防技术装备
13. 只要水带中喷射出的水流能够穿入火床并已开始有效地发挥冷却作用,便可认为火势已被控制。
A. 对　　B. 错
14. 船舶舱室火灾开门前要用水将门冷却,人员可站在正对门口的地方。
A. 对　　B. 错
15. 在火灾现场,因连体工作服沾染油迹并着火时,不能采取的措施是________。
A. 用自己的手扑灭火焰　　B. 使用适当的灭火器扑救
C. 马上脱衣服
16. 听到消防警报后,所有船员应在 5 分钟内到达指定的集合地点。
A. 对　　B. 错
17. 火灾扑灭后的检查清理包括火场内部、周围及可能蔓延到的其他地方。
A. 对　　B. 错
18. 灭火结束后,对全部或部分放空的手提式灭火器均应重新装药或予以更换。
A. 对　　B. 错
19. 失火警报发出后,在去集合地点前大管轮应确保________。
①应急消防泵起动;②通风装置、空调停止工作;③关闭火场水密门
A. ①②③　　B. ①②
C. ②③
20. 船舶火灾警报鸣放连续短声一分钟,继一长声后,船员应在 2 分钟内按个人应变任务卡的规定奔赴船首集合。
A. 对　　B. 错
21. 上甲板火灾的警报信号是连续响短声 1 分钟后,再响四长声。
A. 对　　B. 错

22. 船舶发生火灾时,采取控制火势的航行方法首先是减速。
    A. 对　　B. 错
23. 当发现关闭着的房间失火时,无论船舶消防队、救助队人员就绪与否,均应打开房门,并用就近灭火器材灭火,争取尽早扑灭。
    A. 对　　B. 错
24. 发现火灾后,不论火势大小,在发出警报之前,船员都不应试图去灭火。
    A. 对　　B. 错
25. 关于人员发现火灾后的报警,要求是对所有火灾包括自行熄灭的火灾都应报告。
    A. 对　　B. 错
26. 失火后,报警的船员必须确切指出失火位置,包括________。
    A. 具体舱位　　B. 甲板层次
    C. 甲板层次和具体舱位
27. 一般可燃物失火后,若火势较大,个人无能力将火扑灭时,应该________。
    A. 尽快撤离火场
    B. 尽可能通过断绝通风等手段,控制火势蔓延
    C. 用水龙灭火器灭火
28. 船舶火灾发现者的首要行动是________。
    A. 立即跑向驾驶台报警
    B. 大声呼叫和揿动警铃向驾驶台报警
    C. 立即拿就近的灭火器灭火
29. 当船员发现火灾时,应该报警的内容包括________。
    A. 确切指出火灾的具体位置　　B. 无须指出具体部位
    C. 可以指出火灾的大概位置
30. 有关船舶的灭火组织,以下描述不正确的是________。
    A. 任何情况下,船长是总指挥,大副是现场指挥
    B. 消防队直接担任探火和灭火工作
    C. 隔离队负责关闭通风设备,撤离易燃、易爆物品
31. 船员发现船上大范围火灾后,应立即奔向出事地点,迅速扑救。
    A. 对　　B. 错
32. 船舶在港口靠泊或锚泊时发生火灾,船长外出未归,船舶总指挥是公安消防队长。
    A. 对　　B. 错
33. 在机舱发生火灾时________是现场指挥。

A. 大副　　B. 三副
C. 轮机长

34. 船舶灭火中隔离队的主要任务是________。
A. 维持现场秩序,无关人员不得进入火场
B. 负责固定灭火系统的起动
C. 关闭火场通风,搬开危险品,阻止火势蔓延

35. 关于水枪手的挑选,下述认识错误的是________。
A. 最好挑选甲板部人员做水枪手,因为他们经常使用水龙带
B. 应熟悉本船结构特点
C. 能熟悉使用各种水枪

36. 船舶消防演习结束后________。
①总指挥进行讲评;②检查清理现场;③对消防器材进行检查和清理,使其恢复可用状态
A. ②③　　B. ①
C. ①②③

37. 船舶发现失火时,只有在得到船长同意后,驾驶员方可发出火警信号。
A. 对　　B. 错

38. 船舶失火后,火势发展迅猛难以扑灭,船长应及时发出弃船的命令。
A. 对　　B. 错

39. 为了能更有效地扑灭装卸货时发生的火灾,所以消防演习通常要在船靠码头时进行。
A. 对　　B. 错

40. 一般情况下,在货船消防演习中,下列不正确的是________。
A. 每月要进行一次消防演习
B. 在船舶不同部位假设不同的火情
C. 每次演习要事先有计划,让每个船员都知道,都能重视起来

41. 听到应变演习信号时,包括值班船员在内的全体船员都应进入应变部署表中规定的岗位。
A. 对　　B. 错

第二节　消防应急计划

1. 船员发现火情后,应首先采取应变的行动是________。
A. 立即发出警报　　B. 立即使用消防设备进行扑救

C. 寻找电话,报告失火位置

2. 船舶火灾应急时,值班驾驶员的最初应急行动包括________。
   A. 通过报警系统通知船员,通知机舱备车,报告船长
   B. 备车,根据需求控制通风设备,提供技术支持
   C. 开启消防泵,备车,根据需求控制通风设备,准备救生设备
3. 防火安全小组成员负船舶防火的全部责任。
   A. 对　　　　B. 错
4. 船长在防火工作中的主要责任之一是________。
   A. 亲自制订火灾控制计划
   B. 负责组织下级日常消防训练
   C. 重视船舶防火工作,审核批准火灾控制计划
5. 船舶日常防火是谁的责任?
   A. 船长　　　　B. 全体船员
   C. 安全小组
6. 应变部署表中应变岗位主要是根据什么来编排的?
   A. 船员的职务　　　　B. 船员的应变能力
   C. 船员的职务和应变能力
7. 应变部署表是应急计划的一部分,是根据船员的职务来编制的,它的内容随着船员变动而变化。
   A. 对　　　　B. 错
8. 船舶应变部署表是三副根据船员的工作能力来编制的。
   A. 对　　　　B. 错
9. 应变部署表由大副按要求在开航前填写,并交船长审查签字。
   A. 对　　　　B. 错
10. 以下说法不正确的是________。
    A. 应变部署表是按照职责和工作性质编写的
    B. 应变部署表只有船长审核签字后才开始生效
    C. 应变部署表张贴公布后,任何情况下都不得更改
11. 下列说法不正确的是________。
    A. 应变任务卡由三副填写,每个船员一张
    B. 应变任务卡必须由船长签字后才能生效
    C. 应变任务卡应放置在船员房间内的显著位置
12. 应变部署表由________填写、由________审查、签字后生效。
    A. 大副;船长　　　　B. 三副;船长
    C. 三副;大副

13. 有关应变部署表的填写，下述说法不正确的是________。
A. 客船应变部署表应填写旅客的姓名、编号
B. 应综合考虑船员的应变能力
C. 消防设备有重大变动时应修订，必要时重填

14. 在编制消防应急职责时，应充分考虑船舶的实际情况和需要，每个船员的应变能力，可以________。
A. 一职多人　　B. 一人多职
C. 一职多人或一人多职

第三节　消防队的组成

1. 消防队的主要职责是________。
①实施灭火；②火场内探火；③进入火场搜寻与救助；④支援救护队的工作
A. ②③④　　B. ①②③④
C. ①②③

2. 船舶防火安全小组是由船长和各部门长组成的。
A. 对　　B. 错

3. 消防队的主要职责是________。
A. 探火、灭火　　B. 灭火、救人
C. 援救被困人员

4. 在编制消防应急职责时，关键部位、关键操作处应安排________船员。
A. 职务高的　　B. 经验丰富的
C. 力量大的

第四节　扑救火灾的战略

1. 作为火灾现场指挥人员，在确定采取何种灭火行动时，应遵循的原则是什么？
A. 控制住火灾，避免火灾蔓延　　B. 立即起动船舶固定灭火系统
C. 组织人员进行探火和灭火

2. 先控制，后消灭；先探明火情，后采取行动是船舶灭火的战术原则。
A. 对　　B. 错

第五节　扑救火灾的战术

1. 用防火毯将火罩住，与空气隔绝，令火熄灭属窒息法。
   A. 对　　B. 错
2. 船舶灭火战术的原则是________。
   A. 立即奔赴火场进行指挥
   B. 关照全局，掌握关键
   C. 先控制，后消灭；先探明火情，后采取行动
3. 在船舶火灾中，防护周围这一灭火战术是一种直接灭火方法。
   A. 对　　B. 错
4. 某船机舱失火，在进行灭火的同时，必须运用防护周围的战术作为辅助。
   A. 对　　B. 错
5. 在运用直接扑灭战术扑救舱室火灾时，对火场可采取的适当措施是________。
   A. 关闭通风　　B. 适当打开通风
   C. 不考虑通风控制
6. 采用直接扑灭战术扑灭舱室火灾时，一般可采取适当的通风措施。
   A. 对　　B. 错
7. 直接扑灭船舶舱室火灾时，可适当进行有控制的通风。
   A. 对　　B. 错
8. 直接扑灭的应用时机是________。
   A. 已经探明火情、火势不大时　　B. 货舱起火但火情不明时
   C. 火情未明但火势不大时
9. 将火场周围的可燃物与燃烧物分隔开来不使火势蔓延，使燃烧停止的方法叫________。
   A. 抑制法　　B. 隔离法
   C. 冷却法
10. 间接扑灭不适用于________。
   A. 火情已查明　　B. 开敞区域的火灾
   C. 火势猛但不易控制
11. 船舶扫气箱着火时，应用大量的海水喷射扫气箱外壳以降低其温度。
   A. 对　　B. 错
12. 机舱烟道火灾，为了防止铁在水蒸气中燃烧，应使用________方法进行灭火。
   A. 水雾喷枪　　B. 二氧化碳
   C. 直流水柱

13. 曲轴箱着火,当采取措施降温到________时,方可小心打开道门进行检查。

A. 40 ℃　　B. 60 ℃

C. 80 ℃

14. 船舶扫气箱着火时,应采取________进行箱内灭火。

A. 蒸汽　　B. 喷雾水枪

C. 压缩空气

15. 扑救货舱火灾主要方法有________。

①封舱灭火;②开舱灭火;③灌舱灭火

A. ①③　　B. ①②

C. ①②③

16. 货舱装有________货物不适用于灌舱灭火,以免造成更大的损失和危害。

①放射性;②毒害性;③遇水爆炸性

A. ①②③　　B. ②③

C. ①③

17. 船舶上层建筑火灾的特点包括________。

①火势向上和水平蔓延迅速;②难以发现着火源;③火势向上威胁船舶驾驶台;④火势向下威胁船舶机舱

A. ①②③　　B. ①②④

C. ①②③④

18. 厨房烹饪油锅起火,最好使用________来灭火。

A. 直接用水　　B. 防火毯

C. 厨房局部固定灭火系统

19. 为了防止油舱内含氧量过高引起火灾,2 万吨及以上油船应设置惰性气体系统,该系统保护其舱内任何部位含氧量不超过________。

A. 5%　　B. 8%

C. 11%

20. 使用泡沫炮灭火时,炮位与着火位置距离不得小于________米,炮的仰角一般保持________度。

A. 100;20　　B. 50;30

C. 25;40

21. 一般货油舱发生沸溢、喷溅几分钟前常有________征兆。

①油面呈蠕动、涌涨现象,出现泡沫 2~4 次;②火焰增大,发亮,变白;③火焰减小,发亮,变白;④烟色由浓变淡;⑤烟色由淡变浓;⑥产生激烈的“嘶嘶”声

A. ①②④⑥　　B. ①③⑤⑥

C. ①③④⑥

第六节　扑救火灾的指挥

1. 灭火指挥原则包括________。
①兼顾全局，把握重点；②及时、正确地定下决心，迅速、周密地组织战斗；③集中指挥；④实施坚定、灵活、不间断的指挥
A. ①②③④　　B. ②③④
C. ①②④
2. 灭火指挥人员应具有的指挥能力包括________。
①冷静思考能力；②快速决断能力；③危险应变能力；④组织协调能力；⑤科学管理能力
A. ①②③④⑤　　B. ①②④⑤
C. ②③④⑤
3. 船舶发生火灾后，消防行动的指挥中心设在________。
A. 船长办公室　　B. 驾驶台
C. 会议室
4. 机舱失火，船舶消防的指挥中心应在________。
A. 机舱控制室　　B. 驾驶台
C. 轮机长办公室
5. 传统的经验决策，仍然是灭火指挥决策中处理大量决策问题的有效手段。
A. 对　　B. 错
6. 组织决策是以情报决策为前提的。
A. 对　　B. 错
7. 在船舶灭火指挥决策中，组织决策只能在灭火战斗之前进行。
A. 对　　B. 错
8. 在船舶灭火指挥决策中，组织决策只能在灭火过程中进行。
A. 对　　B. 错
9. 在船舶灭火过程中，只依靠经验判断，就可做出正确的情报决策。
A. 对　　B. 错
10. 灭火指挥过程中，一般应优先采取的措施是________。
A. 直接扑灭　　B. 探明火情
C. 采取适当战术
11. 消防行动中，由________决定采用何种灭火战术。
A. 探火员　　B. 现场指挥
C. 船长

12. ________是灭火指挥原则之一。
    A. 迅速、周密
    B. 及时、果断
    C. 及时、正确下定决心，迅速、周密组织战斗
13. “及时正确定下决心，迅速、周密组织战斗”是灭火指挥的原则之一。
    A. 对　　B. 错
14. “关照全局，掌握关键”是指在服从全局的前提下，着重关照好具体部位的灭火情况。
    A. 对　　B. 错
15. 单独使用任何一种灭火战术，均可达到灭火目的。
    A. 对　　B. 错
16. “封堵火势”的运用时机是初期火灾、到场的人员较少或无合适的灭火手段。
    A. 对　　B. 错
17. “封堵火势”的原理是通过封闭通风孔，断绝燃烧所需要的氧气，使火灾窒息。
    A. 对　　B. 错
18. 配电盘失火，最好使用________灭火剂扑救。
    ①干粉；②泡沫；③CO_2
    A. ①②③　　B. ③
    C. ①③

参考答案

第一节　消防队的组织和训练

1. B	2. A	3. A	4. A	5. B	6. B	7. B	8. B	9. B	10. C
11. B	12. C	13. B	14. B	15. A	16. B	17. A	18. A	19. B	20. A
21. B	22. A	23. B	24. A	25. A	26. C	27. B	28. B	29. A	30. A
31. B	32. B	33. C	34. C	35. A	36. C	37. B	38. B	39. B	40. C
41. A									

第二节　消防应急计划

1. A	2. A	3. B	4. C	5. B	6. C	7. B	8. B	9. B	10. C
11. B	12. B	13. A	14. C						

第三节　消防队的组成

1. C　2. B　3. A　4. B

第四节　扑救火灾的战略

1. A　2. A

第五节　扑救火灾的战术

1. A　2. C　3. B　4. A　5. B　6. A　7. A　8. A　9. B　10. B
11. B　12. C　13. B　14. A　15. C　16. A　17. C　18. B　19. B　20. C
21. A

第六节　扑救火灾的指挥

1. A　2. A　3. B　4. B　5. A　6. A　7. B　8. B　9. B　10. B
11. C　12. C　13. A　14. A　15. B　16. A　17. A　18. B

第十二章

烟火探测和灭火系统

第一节　烟火探测和失火报警系统

1. 火灾探测器按其敏感元件的反应原理可分为感温、感烟、感光等几类，每类又有多种形式。
   A. 对　　　　B. 错
2. 船舶火灾报警系统一般由三副负责管理。
   A. 对　　　　B. 错
3. 机舱发现火情后，下列报警方法不可取的是________。
   A. 利用就近的手揿式火灾报警器　　　　B. 当面通知轮机长
   C. 按响机舱警报
4. 下面哪些是火灾报警工具？
   ①警钟；②汽笛；③警铃
   A. ①②　　　　B. ②③
   C. ①②③
5. 火灾自动报警系统主要由探测器和报警器两大部分组成。
   A. 对　　　　B. 错
6. 火灾报警装置包括火灾自动探测与报警系统、手动式火灾报警器、专用报警器及火灾报警工具等，《钢质海船入级规范》规定：每艘客船和________总吨及以上的货船均应配备上述装置。
   A. 150　　　　B. 400
   C. 500
7. 按规定，每一层甲板走廊内相邻两个手动报警器的安装间隔距离不大于________米。
   A. 15　　　　B. 20
   C. 25

8. 火灾自动报警系统应处于良好状态,报警器的手动检测应每________进行一次,探测器的效用检查应每________进行一次。
   A. 周;月　　B. 月;半年
   C. 三个月;三个月
9. 当火灾报警器感应动作后,延时不能超过 120 秒,必须触发全船报警系统。
   A. 对　　B. 错
10. 船舶固定式探火和失火报警系统中火灾探测器通常包括________等几类。
   A. 感温型、感烟型　　B. 感温型、感光型(感焰型)
   C. 感温型、感烟型、感光型(感焰型)
11. 固定式探火和失火报警系统工作中使用的电气设备的供电源应不少于________套,其中一套为应急电源。
   A. 1　　B. 2
   C. 3

第二节　固定灭火系统

1. 所有高压二氧化碳钢瓶以及起动气瓶都应该被称重,或通过其他可靠的方式能够证实其充装二氧化碳量不少于额定量的 95%。如果少于额定量的 95%,应该重新充装。
   A. 对　　B. 错
2. ________,消防总管上隔离阀需要关闭。
   A. 任何时候
   B. 当机舱发生火灾,主消防泵失去作用时
   C. 当机舱发生火灾,应急消防泵失去作用时
3. 二氧化碳灭火系统释放前报警应自动起动(例如,通过打开释放箱的门)。警报鸣响时间的长短应根据撤离该处所需要时间的长短而定,但无论如何应在灭火剂释放前不得少于________秒。
   A. 20　　B. 60
   C. 120
4. 二氧化碳灭火系统在机器处所的固定管路系统应能在________分钟内将________的气体注入该处所。
   A. 1;40%　　B. 2;40%
   C. 2;85%
5. 机舱局部固定式高压水雾灭火系统主要保护________处所。

①主机;②发电机组;③锅炉;④焚烧炉;⑤分油机设备

A. ①②③④　　B. ①②③⑤

C. ①②③④⑤

6. 机舱局部固定式高压水雾灭火系统,可以手动起动释放,也可以自动起动释放,为了安全起见,自动起动释放要求至少________种类型的探测器同时感应到火灾才可起动。

A. 1　　B. 2

C. 3

7. 在申请甲板泡沫灭火系统泡沫原液时,应根据说明书要求进行申请,发泡倍数一般不超过________。

A. 200　　B. 50

C. 12

8. 对于没有装惰性气体系统的油船,甲板泡沫灭火系统产生泡沫的时间要求不少于________分钟。

A. 30　　B. 20

C. 10

9. 高倍膨胀泡沫灭火系统起动后,产生的泡沫量应能覆盖________倍的被保护处所的容积,并以 1 m/min 的速度注入最大被保护处所。

A. 2　　B. 3

C. 5

10. 船舶高压细水雾灭火系统的适用范围为________。

A. 替代水喷淋系统,安装于客船的生活区内

B. 可以安装在驾驶台等集中控制区域

C. 船舶主机、发电机、锅炉及分油设备等有失火危险的机舱部位

11. 船舶消防水带的配置规定是任意两个消防栓配一根水带。

A. 对　　B. 错

12. 主消防管的直径应满足两台消防泵同时工作时的最大出水量。

A. 对　　B. 错

13. 消防栓的数量和安装要求,至少能将两股不是由同一消防栓发出的水柱射到船上旅客和船员能到达的任一区域,而其中一股仅用一盘水带。

A. 对　　B. 错

14. 船舶货舱着火,实施封舱释放二氧化碳后,直至开舱时止,下列做法错误的是________。

A. 组织力量不定时观察监测　　B. 准确记录甲板、舱壁的温度

C. 监测有无泄漏气体,发现泄漏应立即补堵

15. 水柱最适合扑灭下列哪种物质的火?

A. 重油燃料　　B. 乙炔气

C. 棉花

16. 下列有关水灭火说法错误的是________。

A. 可以用水柱扑灭机舱底部的污油火

B. 用水灭火时要注意可能对货物造成的损失

C. 用水灭火时要注意保持船舶的稳性

17. 用水进行冷却降温最好用水雾的原因是________。

A. 水雾比水柱的扫射面积大

B. 水雾分散,容易吸收热量蒸发成水蒸气

C. 水雾比水柱的扫射面积大、分散,容易吸收热量蒸发成水蒸气

18. 爆炸品火灾应选的最佳灭火剂是________。

A. 开花水流　　B. 沙土

C. 泡沫

19. 下列关于扑灭乙类火的说法错误的是________。

A. 尽快切断已经失火的易燃或可燃液体的来源

B. 舱面油类火,可用水柱扑救

C. 用泡沫覆盖液体

20. 扑灭甲类火最佳灭火剂是水,但应注意用水灭火可能对货物造成的损失和引起船舶稳性的不足。

A. 对　　B. 错

21. 橡胶在燃烧时会产生浓烈的黑烟,含有一定的毒性,扑救这类火灾时应注意安全。

A. 对　　B. 错

22. 下列灭火方法可认为不属于窒息法的是________。

A. 使用水柱灭火

B. 向着火舱释放氮气冲淡空气中的含氧量

C. 关闭火场的通风孔、门窗,切断或减少氧气的供给

23. 下列物质着火,不宜用水扑灭的有________。

A. 轻金属　　B. 纺织品和纤维

C. 塑料和橡胶

24. 高压二氧化碳灭火系统是多数船舶配备的固定灭火设备。通常遥控控制箱内的起动气瓶有两套装置。这两套装置的作用是________。

A. 其一,报警;其二,释放二氧化碳

B. 其一,报警;其二,停止风机

C. 其一,打开二氧化碳的瓶头阀;其二,打开通往被保护舱的主释放阀

25. 有关手提式二氧化碳灭火器,下列说法错误的是________。

A. 定期检查钢瓶内二氧化碳含量,若二氧化碳重量减少 1/10 时应立即补充

B. 轻拿轻放,防止撞击

C. 适用于扑灭电器火、金属火等

26. 二氧化碳灭火器主要的灭火原理是________。

A. 冷却法　　B. 窒息法

C. 抑制法

27. 使用手提式二氧化碳灭火器喷射时要连续,站在上风并使喷口与火焰越接近越好。

A. 对　　B. 错

28. CO_2站室内可以存放一些其他安全设备。

A. 对　　B. 错

29. 对二氧化碳管系每两年进行一次________试验,目的是检查管系有无________现象。

A. 液压;泄漏　　B. 吹通;堵塞

C. 封闭;泄漏

30. 下列关于固定式二氧化碳灭火系统说法正确的是________。

①二氧化碳间应有可靠的安全照明和通信设备;②二氧化碳间温度保持在 0~45 ℃;③二氧化碳气瓶应每 2 年称重检查,减少 1/10 立即补充;④二氧化碳管系每 2 年进行一次吹通试验;⑤二氧化碳的释放应间歇性进行,避免浪费

A. ①②③④　　B. ①②③⑤

C. ①③④⑤

31. 二氧化碳系统________。

A. 只适用于货舱、机舱　　B. 适用于船上凡是有可燃物的处所

C. 适用于货舱、机舱、货油泵舱、油漆间

32. 起动二氧化碳系统前应首先________。

A. 切断电源　　B. 停车

C. 示警

33. 二氧化碳气瓶应每年检查一次有无漏气,可用称重或用液面指示仪检查,如总数少于________时,应立即充加。

A. 90%　　B. 70%

C. 80%

34. 为了节约和防止释放过多而爆炸,二氧化碳灭火系统应间歇性释放。

A. 对　　B. 错

35. 二氧化碳管系每两年进行一次吹通试验。

A. 对　　B. 错

36. 二氧化碳适合扑灭电器火、油火、普通固体火,因此二氧化碳灭火系统适用于船上凡是有可燃物的处所。

A. 对　　B. 错

37. 下列说法错误的是________。

A. 甲类火的最佳灭火剂是水

B. 油船油舱着火最好用二氧化碳扑灭

C. 乙炔气着火可用干粉扑灭

38. 适合扑灭电器火的灭火剂有二氧化碳、干粉等。

A. 对　　B. 错

39. 二氧化碳因具有不燃烧、不助燃、比重比空气重等特点,故可覆盖燃烧物表面而使火熄灭。

A. 对　　B. 错

40. 二氧化碳灭火剂有一定的渗透力,但难以扑灭一些纤维物质内部的隐燃火,因此在扑灭此类物质火灾时应防止复燃。

A. 对　　B. 错

41. 二氧化碳也可扑灭轻金属火,只是效果不佳,通常不采用。

A. 对　　B. 错

42. 机舱配电盘失火,在火灾初期应使用的灭火剂是________。

A. 泡沫　　B. 干粉

C. 二氧化碳

43. 未切断电源的电器设备火灾可用________灭火。

A. 二氧化碳　　B. 泡沫

C. 水雾

44. 对精密仪器火,可选用的灭火器是________。

A. 二氧化碳灭火器　　B. 泡沫灭火器

C. 干粉灭火器

45. 大型油船配备低倍数甲板泡沫灭火系统的原因是________。

A. 保证泡沫释放时,泡沫具有良好的流动性

B. 相比含水量高、射程远,也便于控制泡沫的密度和保证泡沫覆盖层的稳定性

C. 为了保证泡沫的物理稳定性和化学稳定性

46. 对载运水溶性有机溶剂的船舶,应设有的泡沫灭火系统是________。
A. 普通空气泡沫　　B. 化学泡沫
C. 抗溶性泡沫

47. 小太平斧是消防人员随身携带的装备之一,主要用于断缆或用于破拆。
A. 对　　B. 错

48. 油船甲板固定灭火系统多采用________灭火剂。
A. 高倍空气泡沫　　B. 低倍空气泡沫
C. 中倍空气泡沫

49. 油船甲板固定灭火系统多采用________灭火剂。
A. 高倍空气泡沫　　B. 低倍空气泡沫
C. 化学泡沫

50. 高倍空气泡沫系统的泡沫液储存量必须足以产生5倍于被保护处所容积的泡沫。
A. 对　　B. 错

51. 使用高倍空气泡沫系统时需对释放舱室示警,以便人员撤离。
A. 对　　B. 错

52. 泡沫灭火剂的主要作用是________。
A. 冷却　　B. 窒息
C. 冷却和窒息

53. 泡沫灭火剂的首要灭火作用是________。
A. 窒息　　B. 冷却
C. 隔热

54. 油船货油舱区域火灾,最适宜的灭火剂是________。
A. 泡沫　　B. 水雾
C. CO_2

55. 为了有效扑灭火灾,在使用泡沫灭火剂时可同时用水枪喷水灭火。
A. 对　　B. 错

56. 为了加快泡沫灭火速度,可用水枪加以补救。
A. 对　　B. 错

57. 大面积油类火最佳灭火剂为________。
A. 二氧化碳　　B. 空气泡沫
C. 水雾

58. 扑灭丙类火的关键是________。
A. 切断气源　　B. 用干粉

C. 用大量水

59. 下面哪些灭火剂不可用来扑灭丁类火？

A. 7150 干粉　　B. 干沙土

C. 二氧化碳

60. 扑灭金属火灾可用________。

A. 7150 干粉　　B. 泡沫

C. 二氧化碳

61. 扑灭活泼金属火灾的最佳灭火剂是________。

A. CO_2　　B. 金属型干粉

C. 干粉

62. 不能用来扑灭轻金属火的灭火剂是________。

A. 二氧化碳　　B. 沙土

C. 金属干粉

63. 下列关于干粉灭火器的说法正确的是________。

A. 干粉灭火器内驱动气体应每年称重检查,减少 10%时应填充

B. 干粉灭火器灭火时要使干粉喷在燃烧物面上

C. 由于干粉灭火器怕潮,应放在阳光充足处所储存

64. 下列关于干粉灭火器的说法正确的是________。

A. 干粉有冷却性,故灭炽热物火灾,效果较好,不易复燃

B. 干粉灭火器灭火时要使干粉喷在燃烧物面上

C. 由于干粉灭火器怕潮,应放在阳光充足处所储存

65. 干粉灭火器以________气体为驱动气。

A. 氮气　　B. 二氧化碳或氮气

C. 氧气

66. 7150 灭火器不能扑灭轻金属火。

A. 对　　B. 错

第三节　移动式的应急消防水泵

1. 1000 总吨及以上货船的水灭火系统,应设置独立驱动的消防泵至少________。

A. 3 台　　B. 2 台

C. 1 台

2. 船舶上安装于起居和服务处所的自动喷水系统,喷水器的动作温度为________。

A. 57 ℃　　B. 68~79 ℃

C. 54 ℃

3. 对于 2000 GT 以上的船舶,其应急消防泵的排量应不小于________,并能连续工作________以上。

A. 20 m^3/h;6 h　　B. 15 m^3/h;12 h

C. 25 m^3/h;18 h

4. 应急消防泵应为固定式独立动力驱动的泵,应布置在________。

A. 同主消防泵在同一位置　　B. 同主消防泵在同一舱室

C. 与主消防泵不在同一舱室

5. 应急消防泵可以采用电力驱动也可以采用柴油机驱动,如使用后者应能在 30 分钟内至少使柴油驱动的动力源起动________次,并在前 10 分钟内至少起动________次。

A. 6;2　　B. 5;2

C. 3;1

6. 货船应急消防泵如采用柴油机的起动,燃油供应柜所装盛的燃油应能使泵在全负荷下至少运行________,同时在 A 类机器处所外应储备足够数量的燃油,能使该泵在全负荷下再运行________。

A. 3 小时;15 小时　　B. 3 小时;18 小时

C. 3 小时;24 小时

第四节　各种器械

1. 可燃气体检测仪上读出的数值是________。

A. 可燃气体在空气中的含量　　B. 可燃气体的爆炸下限的百分比

C. 可燃气体的爆炸上限的百分比

2. 在进行舱内可燃气体浓度测试时,测量点应选择在________。

①通风不良的死角;②油管附近;③洗舱盲区;④舱内复杂构件处所

A. ①②④　　B. ①②③

C. ①②③④

3. 在进行舱内可燃气体浓度测试时,各测量点读数中,应选择________为该舱测量值。

A. 最小值　　B. 平均值

C. 最大值

4. 在进行舱内氧气浓度测试时,氧气含量应满足国家标准,方可安全进入。我国对封闭空间人员进入氧气含量安全标准为________。

A. 18%　　B. 19.5%

C. 21%

5. 测爆仪指针指到最大后又回到零,说明空气可燃气体含量________。

A. 无可燃气体　　B. 高于爆炸极限下限,非常危险

C. 低于爆炸极限下限,无危险

6. 大型油舱测爆工作,入舱人员至少应由________名船员相互配合完成。

A. 1　　B. 2

C. 3

7. 测量油舱内的可燃气体浓度时,船员的通常做法是________。

A. 将油舱在高度上分成至少三层,分别测量

B. 将油舱在高度上分成至少两层,分别测量

C. 只测量舱室复杂处

8. 校验船用测氧仪的零位指示时,通常使用以下哪种气体?

A. 氮气　　B. 二氧化碳

C. 新鲜空气

第五节　救助设备、生命支持设备、人员保护设备、通信设备

1. 消防员装备中的呼吸器气瓶含气量应不少于 1200 升。

A. 对　　B. 错

2. FSS 规则中要求空气瓶中气量不少于________或 1 具其他型式的自给式呼吸器,其可供使用的时间至少为________。

A. 1200 L;30 min　　B. 900 L;30 min

C. 1200 L;60 min

3. FSS 规章修正案 MSC. 339(91)要求空气瓶储气含量小于________时,应发出视觉或听觉报警的要求。

A. 200 L　　B. 300 L

C. 400 L

4. 呼吸器型号为 RHZK6/30,其中的 6 代表气瓶为 6 L 容积,30 代表空气压力为 30 MPa。此型号呼吸器含气量满足公约 1200 L 气体要求吗?

A. 不满足　　B. 满足

C. 条件不足,无法判断

5. 消防员装备中的呼吸器气瓶含气量应不少于 1200 升,钢瓶压力根据钢瓶的大小

来确定,如使用6升的钢瓶,则气压不得少于________MPa。

A. 10　　B. 20

C. 30

6. 每一呼吸器都应配有一根长度至少________的耐火救生绳。

A. 15 m　　B. 20 m

C. 30 m

7. 紧急脱险呼吸装置至少应能使用________分钟。

A. 5　　B. 10

C. 20

8. 防火毯可用于扑灭小面积物品火灾,人身上着火也可用其裹住灭火。

A. 对　　B. 错

9. 紧急逃生呼吸装置(EEBD),平时应进行何项检查?

A. 整个管路的气密性　　B. 面罩的气密性

C. 气瓶的压力

10. EEBD是一种紧急逃生呼吸装置,其中规格之一是可供使用________分钟。

A. 10　　B. 20

C. 30

11. 在佩戴空气呼吸器之前应检查________。

①压缩空气瓶内的压力;②面罩及整个管路是否气密;③余压报警器是否正常

A. ①②　　B. ②③

C. ①②③

12. 呼吸器每次使用后,应清洁消毒并补充氧气,为消除异味,可放在日光下晾晒。

A. 对　　B. 错

13. 消防人员戴好呼吸器进行工作时,如有不适可卸下面罩稍事休息。

A. 对　　B. 错

14. 储压式空气呼吸器和过滤式防毒面具都可在缺氧场所使用。

A. 对　　B. 错

15. 储压式空气呼吸器能供消防人员在火场使用的时间一般不超过30分钟。

A. 对　　B. 错

16. 过滤式防毒面具不受火灾现场缺氧及浓烟的影响,能很好地保护消防人员。

A. 对　　B. 错

17. 正压式空气呼吸器的余压警报器报警后,一般情况下可继续使用________。

A. 10~15 min　　B. 5~8 min

C. 6~10 min

18. 正压式空气呼吸器在使用前应检查其空气的贮存压力,气瓶开关完全打开后,一般应为________。

    A. 18~22 MPa　　B. 22~25 MPa

    C. 28~30 MPa

19. 根据 SOLAS 公约要求,储压式呼吸器在额定压力时,供一个人使用,至少可连续使用________。

    A. 20 分钟　　B. 30 分钟

    C. 1 小时

20. 手提式电池安全灯和储压式空气呼吸器有效使用时间均为 3 小时。

    A. 对　　B. 错

21. 下列不属于消防员装备的是________。

    A. 防火衣、消防靴、防火手套、头盔　　B. 手提灭火器

    C. 安全灯、太平斧、安全绳

第六节　法定检验及船级检验的要求

1. 公共广播、通用报警、应急照明应每________检查测试。

    A. 周　　B. 月

    C. 季度

2. 能在船上重新充装的灭火器,其备用灭火剂的数量应按前 10 个灭火器的________和其余灭火器的________进行配备。备用灭火剂的总数不必超过 60 份。船上应备有充装说明。

    A. 50%;50%　　B. 50%;25%

    C. 100%;50%

3. 消防设备检查保养指导书应简单易懂,尽可能采用图解,应包括下列内容________。

    ①设备保养与维修指导说明书;②设备定期保养内容与时间表;③设备备件项目表;④有关检查保养记录簿

    A. ②③④　　B. ①②④

    C. ①②③④

4. 对船舶消防设备检查保养周期包括________。

    A. 周检、月检、季度检、年度检、五年检　　B. 周检、月检、季度检、年度检

    C. 周检、月检、年度检

5. 对船舶实施法定检验的依据是________。

A. SOLAS、LAS、FCC、MARPOL 等国际公约

B.《船舶检验规范》《交通安全法》等国内法规

C. 中国政府的相应法律、法规、条例和(或)政府批准、接受、承认或加入的有关国际公约、议定书、修正案、规则等

6. 国内航行船舶的法定检验，货船和客船的船底外部检验与保持船级的坞内检验间隔期相同。

A. 对　　B. 错

7. 凡是油漆间都要求装设固定灭火系统。

A. 对　　B. 错

8. 在船舶消防水带的保养中，下列说法错误的是________。

A. 每三个月检查一次，摊开按原折痕重卷

B. 平时放置于消防栓箱内，随时可用

C. 受潮后，可阴干

第七节　PSC 消防安全检查

1. 在 PSC 消防安全检查中，船舶防火控制图常见缺陷有________。

①防火控制图上消防设备的位置和数量与实际不符；②防火控制图中识别符号不符合标准；③甲板上存放的防火控制图和盒子没有做到风雨密

A. ①②　　B. ①③

C. ①②③

2. 根据有关规定，油船在港内作业的整个期间均应在其外档首尾两端各悬挂一根应急拖缆。

A. 对　　B. 错

3. 按规定当油漆间和易燃液体物料间的面积小于________平方米时，仅备手提式灭火器即可。

A. 4　　B. 6

C. 8

4. 按 SOLAS 公约的要求，凡面积超过多少的油漆间和易燃液体物料间应安装固定灭火装置？

A. 4 平方米　　B. 3 平方米

C. 5 平方米

5. 为了确保船舶消防安全，船舶安全管理体系都包含了一套完整的防火安全管理制度。下列哪一项制度属于船舶防火安全管理制度？

A. 船舶交接班管理制度　　B. 船舶设备定期维护修理制度

C. 船用易燃易爆化学物品管理制度

6. 轮机长在防火方面的主要职责是________。

A. 和大副一起组织全船的消防检查工作

B. 负有检查机舱内的所有机械设备和设施的责任

C. 组织并督促轮机部船员的日常训练

7. 蓄电池在充电时是安全的,无须采取任何防范措施。

A. 对　　B. 错

8. 从防火的观点出发,对易燃物的良好保管意味着消除火灾的“能源”,即消除火灾的隐患。

A. 对　　B. 错

第八节　船舶防火控制图

1. 下图是船舶防火控制图的局部。从图中可以看出本层有哪些和消防有关的设施?

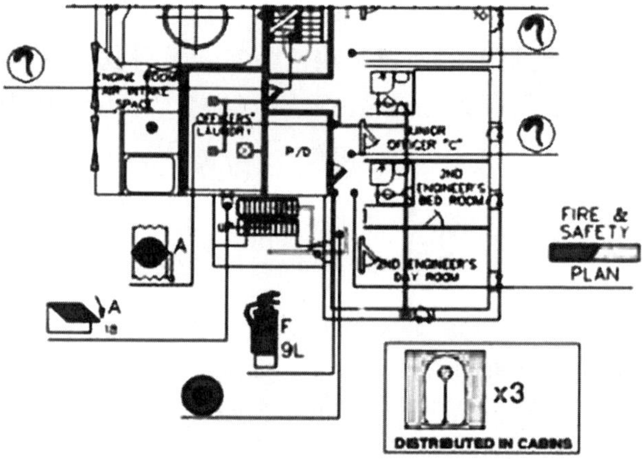

E　DECK PLAN VIEW

A. 防火控制图、A 级防火分隔、B 级防火分隔

B. 防火控制图、A 级防火分隔、B 级防火分隔、脱险通道、通风设施

C. 防火控制图、消防栓和水龙带、A 级防火分隔、B 级防火分隔、脱险通道、通风设施

2. 下图是船舶防火控制图的局部。从图中可以看出本层有哪些消防设备?

A. 防火控制图、火灾报警器、手提灭火器

B. 防火控制图、感烟探测器、泡沫灭火器

C. 防火控制图、消防栓和水龙带、感烟探测器、泡沫灭火器

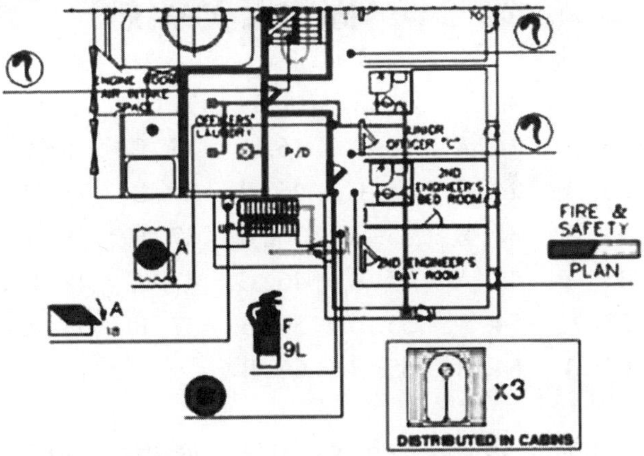

E　DECK PLAN VIEW

3. 船舶消防控制图主要由船舶数据栏、通风设备说明栏、图例栏和视图组成,其中视图包括________。

①侧视图;②俯视图;③各层甲板平台图

A. ①②③　　　　B. ①②

C. ①③

4. 防火控制图中  标志代表________。

A. 消防泵　　　　B. 应急消防泵

C. 隔离阀

5. 防火控制图中  标志代表________。

A. 消防栓　　　　B. 国际通岸接头

C. 隔离阀

参考答案

第一节　烟火探测和失火报警系统

1. A　2. A　3. B　4. C　5. A　6. C　7. B　8. B　9. A　10. C

11. B

第二节　固定灭火系统

1. B　2. B　3. A　4. C　5. C　6. B　7. C　8. A　9. C　10. C
11. B　12. A　13. A　14. A　15. C　16. A　17. C　18. A　19. B　20. A
21. A　22. A　23. A　24. C　25. C　26. B　27. B　28. B　29. A　30. A
31. C　32. C　33. A　34. B　35. A　36. B　37. B　38. A　39. A　40. A
41. B　42. C　43. A　44. A　45. B　46. C　47. A　48. B　49. B　50. A
51. A　52. B　53. A　54. A　55. B　56. B　57. B　58. A　59. C　60. A
61. B　62. A　63. B　64. B　65. B　66. B

第三节　移动式的应急消防水泵

1. B　2. B　3. C　4. C　5. A　6. A

第四节　各种器械

1. B　2. C　3. C　4. B　5. B　6. B　7. A　8. B

第五节　救助设备、生命支持设备、人员保护设备、通信设备

1. A　2. A　3. A　4. B　5. B　6. C　7. B　8. A　9. C　10. A
11. C　12. B　13. B　14. B　15. B　16. B　17. C　18. C　19. B　20. B
21. B

第六节　法定检验及船级检验的要求

1. A　2. C　3. C　4. A　5. C　6. A　7. B　8. A

第七节　PSC 消防安全检查

1. C　2. A　3. A　4. A　5. C　6. C　7. B　8. A

第八节　船舶防火控制图

1. B　　2. B　　3. A　　4. B　　5. B

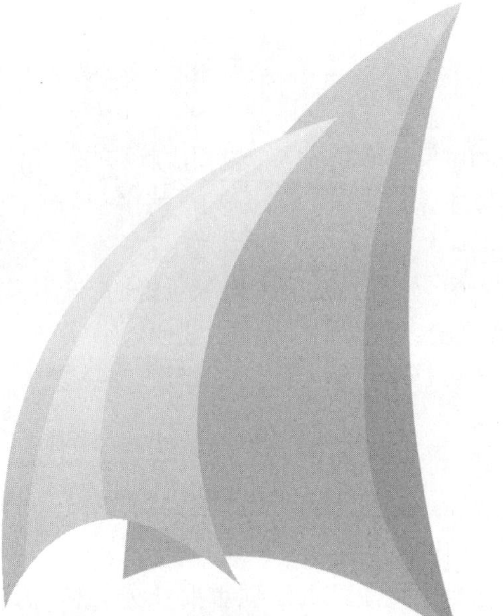

第十三章 调查与编写涉及火灾的事故报告

第一节 船舶火灾事故报告的编写

1. 船舶火灾事故报告主要内容有________。
   ①船舶概况;②火灾事故经过;③事故的原因与分析;④损失情况;⑤事故的责任与分析;⑥结尾
   A. ①②③④⑤⑥　　B. ①②④⑤⑥
   C. ②③④⑤⑥
2. 船舶火灾事故报告的编写工作完成后,船方应将其递交给________。
   A. 海事部门及其相关机构　　B. 海事部门
   C. 相关机构
3. 在船舶火灾事故报告中,如有必要还可以附录说明,该附录包括________。
   ①文字说明;②语音录音;③照片;④录像;⑤船长签字
   A. ①②③④　　B. ①②④⑤
   C. ②③④⑤
4. 关于火灾事故报告,下列哪种说法不正确?
   A. 对所有火灾都应报告　　B. 只有重大或特大火灾才报告
   C. 自行熄灭火灾也应报告
5. 火灾原因的调查工作是失火单位的一项重要任务,公安消防监督机关对火灾调查工作有共同协作、积极配合的义务。
   A. 对　　B. 错
6. 无论船舶哪个部位发生了火灾,均需要做到________。
   ①调查清楚事故原因;②教育事故责任者和其他船员;③落实防范措施
   A. ①②　　B. ③
   C. ①②③
7. 火灾事故报告格式中主要包括内容有________。

①船舶概况；②火灾事故经过；③事故的原因与分析；④损失情况；⑤责任与教训；⑥结尾(签字)

A. ①②③④　　B. ①②③④⑤

C. ①②③④⑤⑥

第二节　船舶火灾事故调查与调查报告

1. 船舶火灾事故调查报告的组成为________。

①标题；②概要；③报告正文；④签署

A. ②③④　　B. ①②③④

C. ①③④

2. 船舶火灾事故的证据搜集工作包括________。

①现场勘查；②现场访问；③技术鉴定；④船员的看法与评论；⑤综合分析；⑥书证和视听材料的搜集

A. ①②③④⑥　　B. ①②③⑥

C. ①③④⑤⑥

3. 下列不属于火灾调查报告正文内容的是________。

A. 火灾事故经过及损失情况　　B. 火灾事故原因及责任分析

C. 火灾事故调查的内容及细节

4. 熟悉起火部位周围情况的人是火灾调查人员的访问对象之一。

A. 对　　B. 错

5. 现场访问是火灾调查人员向与火灾有关的人员了解火灾过程，从中发现线索、收集证据的工作。

A. 对　　B. 错

6. 船舶发生重大火灾事故后，应保护好失火现场，受灾船舶错误的做法是________。

A. 船长和防火负责人应及时部署现场保护工作

B. 不许任何闲杂人员进入现场保护区

C. 及时组织进行火灾调查工作

7. 船舶火灾事故调查组应由________组成。

①公安消防监督机关；②海事部门；③受灾船舶领导；④发生火灾船舶所属公司安全管理负责人；⑤涉及重大技术问题时，邀请的有关专业技术人员；⑥最早发现火情者

A. ①②③　　B. ①②④⑤

C. ②④⑤⑥

8. 火灾事故调查报告正文的组成部分包括________。

①事故调查的内容及细节;②事故经过及损失情况;③事故原因及责任分析;④处理意见;⑤结尾

A. ①②③④⑤　　B. ①②③④

C. ②③④⑤

第三节　船舶火灾典型案例与分析

1. 引起生活区火灾事故的主要原因是________。

A. 船员安全意识淡薄　　B. 生活区中用电设备多

C. 船员消防技能差

2. 引起油船火灾事故的主要原因是________。

A. 船员消防、救生技能差　　B. 安全生产教育、培训力度不够

C. 安全意识薄弱、违章操作

3. “三不放过”原则包括________。

①事故的原因没有调查清楚不能放过;②事故责任者和群众没有受到教育不能放过;③发生火灾的船舶及所在单位没有落实防范措施不能放过;④受损的船东和货主没有得到赔偿不能放过

A. ②③④　　B. ①③④

C. ①②③

参考答案

第一节　船舶火灾事故报告的编写

1. A　2. A　3. A　4. B　5. B　6. C　7. C

第二节　船舶火灾事故调查与调查报告

1. B　2. B　3. C　4. A　5. A　6. C　7. B　8. C

第三节　船舶火灾典型案例与分析

1. A　　2. C　　3. C